초등 문해력
향상 프로그램

어휘편

어휘가 보여어
문해력이 지다

문해력 잡는
초등 어휘력

D-1 단계

• 초등 6학년 이상 •

초등교과서에 나오는 과목별 학습개념어 총망라

★ 문해력 183문제 수록! ★

아울북

문해력의 기본,
왜 초등 어휘력일까?

21세기 교육의 핵심은 문해력입니다. 국어 사전에 따르면, 문해력은 '문자로 된 기록을 읽고 거기 담긴 정보를 이해하는 능력'입니다. 여기에 더해 글을 비판적으로 읽고 자신만의 관점을 가지는 것 역시 문해력이지요. 그러기 위해서는 문장을 이루고 있는 어휘의 뜻을 정확히 알고, 해당 어휘가 글 속에서 어떤 역할을 하고 있는지 깨닫는 과정이 필요합니다.

초등학교 3~4학년 시절 아이들이 배우고 쓰는 어휘량은 7,000~10,000자 정도로 급격하게 늘어납니다. 그중 상당수가 한자어입니다. 그렇기에 학년이 올라가면서 교과서와 참고서, 권장 도서 들을 받아드는 아이들은 혼란스러워 합니다. 해는 태양으로, 바다는 해양으로, 세모는 삼각형으로, 셈은 연산으로 쓰는 경우가 부쩍 늘어납니다. 땅을 지형, 지층, 지상, 지면, 지각처럼 세세하게 나눠진 한자어들로 설명합니다. 분포나 소통, 생태처럼 알 듯 모를 듯한 어려운 단어들이 불쑥불쑥 등장하기 시작합니다.

우리말이니까 그냥 언젠가 이해할 수 있겠지 하며 무시하고 넘어갈 수는 없습니다. 초등학교 시절의 어휘력은 성인까지 이어지니까요. 10살 정도에 '상상하다'나 '귀중하다'와 같이 한자에서 유래한 기본적인 어휘의 습득이 마무리된다는 연구 결과를 내놓은 학자도 있습니다. 반대로 무작정 단어 뜻을 인터넷에서 검색하고 영어 단어를 외우듯이 달달 외우면 해결될까요? 당장 눈에 보이는 단어 뜻은 알 수 있지만 다른 문장, 다른 글 속에 등장한 비슷한 단어의 뜻을 유추하는 능력은 길러지지 않습니다. 문해력의 기초가 제대로 다져지지 않는다는 의미입니다.

결국 자신이 정확하게 알고 있는 단어를 통해 새로운 단어의 뜻을 짐작하며 어휘력을 확장시켜 가는 게 가장 좋습니다. 어휘력이 늘어나면 교과 개념을 정확하게 이해하고, 학습 내용도 빠르게 습득할 수 있지요. 선생님의 가르침이나 교과서 속 내용이 무슨 뜻인지 금방 알 수 있으니까요. 이 힘이 바로 문해력이 됩니다. 〈문해력 잡는 초등 어휘력〉은 어휘력 확장을 통해 문해력을 키우는 과정을 돕는 책입니다.

정춘수 기획위원

문해력 잡는 단계별 어휘 구성

〈문해력 잡는 초등 어휘력〉은 사용 빈도수가 높은 기본 어휘(씨글자)240개와 학습도구어와 교과내용어를 포함한 확장 어휘(씨낱말) 260개로 우리말 낱말 속에 담긴 단어의 다양한 뜻을 익히고 이를 통해 문해력을 키우는 프로그램입니다. 한자의 음과 뜻을 공유하는 낱말끼리 어휘 블록으로 엮어서 한자를 모르는 아이도 직관적으로 그 관계를 파악할 수 있습니다. 초등 기본 어휘와 어휘 관계, 학습도구어, 교과내용어 12,000개를 예비 단계부터 D단계까지 전 24단계로 구성해 미취학 아동부터 중학생까지 수준별 학습이 가능합니다. 어휘의 어원에 따라 자유롭게 어휘를 확장하며 다양한 문장을 구사하는 능력을 기르는 동안 문장 사이의 뜻을 파악하는 문해력은 자연스럽게 성장합니다.

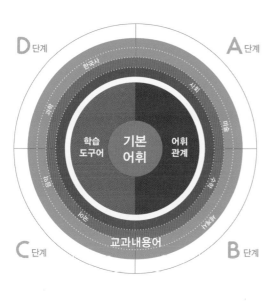

기본 어휘
초등 교과서 내 사용 빈도수가 높고, 일상적인 언어 활동에서 기본이 되는 어휘

어휘 관계
유의어, 반의어, 동음이의어, 도치어, 상하위어 등 어휘 사이의 관계

학습도구어
학습 개념을 이해하고 논리적으로 설명하는 과정에 쓰이는 도구 어휘

교과내용어
국어, 수학, 사회, 과학, 한국사, 예체능 등 각 교과별 학습 내용을 정확히 이해하는 데 필요한 개념 어휘

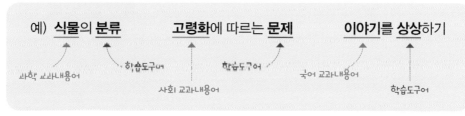

어휘력부터 문해력까지, 한 권으로 잡기

씨글자 | 기본 어휘

기본 어휘
하나의 씨글자를 중심으로
어휘를 확장해요.

씨낱말 | 학습도구어

확장 어휘 – 학습도구어
둘 이상의 어휘 블록을
연결하여 씨낱말을 찾고
어휘를 확장해요.

씨낱말 | 교과내용어

확장 어휘 – 교과내용어
둘 이상의 어휘 블록을
연결하여 씨낱말을 찾고
어휘를 확장해요.

어휘 퍼즐

어휘 퍼즐
어휘 퍼즐을 풀며 익힌 어휘를
다시 한번 학습해요.

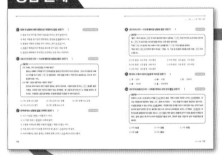

종합 문제

종합 문제
종합 문제를 풀며
어휘를 조합해 문장으로
넓히는 힘을 길러요.

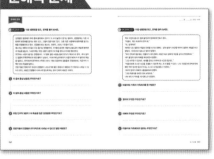

문해력 문제

문해력 문제
여러 어휘로 이루어진 문장의 의미를
파악하고 글의 맥락을 읽어 내는
문해력을 키워요.

1장

농(農) 농사 농

농부가 씨를 뿌려

위 그림과 가장 관계 깊은 낱말은 무엇일까요? (   )

① 어부   ② 농사   ③ 등산   ④ 교사

정답은 ②번 농사(農事)예요. 곡괭이와 호미는 땅을 팔 때에 필요한 도구예요. 소는 밭을 갈 때에 도움을 주는 가축이지요. 밀짚모자는요? 그래요, 뜨거운 햇볕 아래에서 일할 때에 꼭 필요하지요. 모두가 농사를 지을 때에 필요한 것들입니다.

농(農)은 '농사짓다'라는 말입니다. 우리 조상들은 농사를 지으며 살아왔어요. 그래서 농업(農業)을 세상 모든 일의 으뜸으로 여겼지요. 농업을 세상 모든 일의 으뜸이라고 여겨 농자천하지대본이라고 말하기도 했어요. 농업은 농작물을 생산하는 일이에요. 농사를 지을 때에 가장 필요한 것이 무엇일까요? 씨를 뿌릴 땅이 있어야 하지요.

좋은 땅

애들아 잘 커라

제발 좋은 땅에 떨어지게 해 주세요!

農 농사 농

■ 농사(農事일 사)
곡식 등을 길러 거두는 일

■ 농업(農業일 업)
농작물을 생산하는 일 또는 직업

■ 농자천하지대본(農 者것 자 天하늘 천 下아래 하 之~의 지 大클 대 本근본 본)
농업은 세상 모든 일의 으뜸이라는 말

■ 농작물
(農 作지을 작 物물건 물)
농사지어 기르는 것들

이를 농경지(農耕地)라고 해요. 땅을 갈아 농사지을 곳이라는 말이에요.

비슷한 말로 농지(農地)와 농장(農場)이 있어요. 농장에는 땅과 농기구, 가축들이 있어 언제라도 농사를 지을 수 있어요.

농사를 지어 생산한 물건은 농산물(農産物)이라고 해요. 농부가 열심히 농사를 지었는데 손해를 보면 안 되겠지요.

이럴 때 농부들의 어려움을 맡아 처리해 주는 국가기관을 농림 수산 식품부(農林水産食品部)라고 해요. 이곳에서는 농사에 관계된 모든 일을 살핍니다. 농협(農協)은 농민들이 서로 돕기 위해 만든 단체입니다.

> 이 많은 걸 어떻게 할꼬…

농부들이 바쁘지 않은 계절은 언제일까요? (   )
① 봄   ② 여름   ③ 가을   ④ 겨울

정답은 ④번 겨울이에요. 봄에는 씨를 뿌리고, 여름에는 모내기를 하지요. 가을에는 누렇게 익은 곡식을 추수하느라 바쁘답니다. 이렇게 농사일로 바쁜 봄부터 가을까지를 농번기(農繁期)라고 불러요. 하지만 추수까지 모두 끝마친 겨울은 한가하겠지요? 이때를 농한기(農閑期)라고 해요.

🔔 이런 말도 있어요

'사식 농사 잘 지었다'라는 말을 들어 본 적이 있나요? 자식들이 건강하게 잘 자라 사회에서 제 몫을 다하는 것을 말해요.

■ **자식 농사**(子아들 자 息자식 식 農事) 농부가 곡식을 정성껏 가꾸듯이 자식을 낳아 키우는 각 시기에 알맞게 돌보는 정성이 필요함을 비유한 말

> 자식 농사는 잘 지었는데 배가 고프군.

■ **농경지**(農 耕밭갈 경 地땅 지)
땅을 갈아 농사지을 곳

■ **농지**(農地)
농사지을 땅

■ **농장**(農 場장소 장)
농사지을 땅과 농기구, 가축, 일꾼 등을 갖춘 곳

■ **농산물**
(農 産낳을 산 物물건 물)
농사를 지어 생산한 물건

■ **농림 수산 식품부**
(農 林수풀 림 水물 수 産 食 먹을 식 品물건 품 部부서 부)
농수산물과 식품 안전을 살피는 국가 기관

■ **농협**(農 協도울 협)
농민들이 서로 돕기 위해 만든 단체

■ **농번기**(農 繁바쁠 번 期때 기)
농사일이 바쁜 시기

■ **농한기**(農 閑한가할 한 期)
농사일이 한가한 시기

□부   □부   □부

위 그림의 빈칸에 각각 들어갈 말은 무엇일까요? 정답은 '어, 광, 농'이에요.

고기를 잡는 사람은 어부, 탄광에서 석탄을 캐는 사람은 광부라고 하지요.

그러면 농사를 짓는 사람은 뭐라고 할까요? 맞아요. 농부(農夫)라고 부르지요. 농부와 비슷한 말로 농업인(農業人)이 있어요. 농사 짓는 일로 생계를 꾸려 나가는 사람을 말하지요.

농민(農民)이란 말도 있어요. 농사짓는 백성이라는 말이지요. 농부나 농민을 농사꾼이라고 말하기도 하는데 이는 농부를 낮추어 일컫는 말이에요.

요즘에는 도시에서 시골로 내려가는 사람들이 많아졌어요. 공기 좋고 여유로운 시골이 그립기 때문이지요. 농사짓기 위해 시골로 돌아가는 것을 귀농(歸農)이라고 하고, 귀농한 사람을 귀농인이라고 하지요.

그런데 농사지을 땅이 없으면 어떡하지요? 그때는 땅을 빌려 조금씩 농사를 짓기도 한답니다. 이런 사람을 소작농(小作農)이라고 해요.

여기서 잠깐!

농업을 으뜸으로 여겼던 우리 조상들은 농사에 관한 노래나 책들을 많이 남겼어요.

농가월령가(農家月令歌)는 달마다 해야 할 농사일을 노래로 만든 것이에요.

농사직설(農事直設)은 농사에 관한 지식을 모아 놓은 책이랍니다.

■ **농부**(農 夫사내 부)
농사를 짓는 사람

■ **농업인**(農 業일 업 人사람 인)
농사를 직업으로 삼은 사람

■ **농민**(農 民백성 민)
농사짓는 백성

■ **농사**(農事)**꾼**
농부를 낮추어 일컫는 말

■ **귀농**(歸돌아갈 귀 農)
농사짓기 위해 시골로 돌아가는 것

■ **귀농인**(歸農人)
귀농한 사람

■ **소작농**(小작을 소 作지을 작 農)
땅을 빌려 조금씩 농사를 짓는 사람

■ **농가월령가**(農 家집 가 月 달 월 令명령할 령 歌노래 가)
달마다 해야 할 농사일을 노래로 만든 것

■ **농사직설**
(農事 直바를 직 說말씀 설)
농사에 관한 지식을 모아 놓은 책

땅이 안 파지네!

아직 겨울이야! 더 자야 돼.

빨리 농사를 짓고 싶다고 성급하게 땅을 파면 곤란하겠지요? 아직 겨울잠이 한창인 개구리가 잔뜩 화가 나고 말았네요.

훌륭한 농부가 되려면 농사짓는 방법을 잘 알아야 합니다. 이를 농법(農法)이라고 해요.

농사를 지을 때는 여러 가지 도구도 필요하지요. 곡괭이, 호미, 쟁기…. 모두 없어서는 안 될 농기구(農器具)들입니다. 트랙터, 경운기 등과 같은 농기계(農機械)도 없어서는 안 되겠지요.

농사는 일 년 내내 논밭에서 보내야 하기 때문에 참 힘들어요. 그래서 우리 조상들은 일하면서 노래하거나 춤을 추었대요. 그러다 보면 힘든 일도 어느새 신나고 재미있는 놀이처럼 느껴지거든요. 이렇게 농부들이 부르는 노래를 농요(農謠)라고 해요. 농부들이 징, 꽹과리, 장구 등을 치며 즐기는 우리 고유의 음악을 농악(農樂)이라고 해요. 농악을 함께하는 무리는 농악대이지요.

지금도 추수나 명절 때 농악 놀이가 펼쳐지는 것을 볼 수 있습니다. 마을 사람들이 모두 모여 흥겹게 노는 농악 놀이는 언제나 즐겁지요. 우리 고유의 민속놀이인 농악을 오래오래 잘 지켜 보존해야 하겠습니다.

■ **농법**(農 法방법 법)
농사짓는 방법

■ **농기구**(農 器그릇 기 具도구 구)
농사에 필요한 도구

■ **농기계**(農 機틀 기 械기계 계)
농사에 필요한 기계

■ **농요**(農 謠노래 요)
농부들이 부르는 노래

■ **농악**(農 樂노래 악)
농부들이 징, 꽹과리, 장구 등을 치며 즐기는 우리 고유의 음악

■ **농악대**(農樂 隊무리 대)
농악을 함께하는 무리

🔔 **농업용수**
농사에 필요한 물을 농업용수(農業 用쓸 용 水물 수)라고 하지요.

🔔 **농약**
농작물에 벌레가 생기지 않게 하는 약을 농약(農 藥약 약)이라고 해요. 농약은 농부들의 건강에 해롭고 환경에도 안 좋으니까 되도록 덜 써야 하겠지요?

농법 농업 농작물 농경지 농산물

농협 농부 농민 농악 귀농 소작농

씨글자 블록 맞추기

농사
농업
농자천하지대본
농작물
농경지
농지
농장
농산물
농림 수산 식품부
농협
농번기
농한기
농부
농업인
농민
농사꾼

① 공통으로 들어갈 한자를 따라 쓰세요.

사 / 업 ── 한 기 ── 農 ── 번 기 ── 협 / 부

농사 **농**

② 어떤 낱말에 대한 설명인지 쓰세요.

1) 곡식 등을 길러 거두는 일 ➡ ☐☐

2) 농작물을 생산하는 일 또는 직업 ➡ ☐☐

3) 땅을 갈아 농사지을 곳 ➡ ☐☐☐

4) 농민들이 서로 돕기 위해 만든 단체 ➡ ☐☐

5) 농사를 짓는 사람 ➡ ☐☐

③ 알맞은 낱말을 찾아 문장을 완성하세요.

1) 농사일이 바쁜 시기를 ☐☐☐ 라고 해.

2) 농촌에서는 추수나 명절 때가 되면 ☐☐ 놀이를 해.

3) 농사짓기 위해 시골로 돌아가는 것을 ☐☐ 이라고 해.

4) 우리 조상들은 예로부터 ☐☐ 을 세상 모든 일의 으뜸으로 여겼어.

5) 농사지을 땅이 없는 사람들은 ☐☐☐ 이 되었어.

④ 문장에 어울리는 낱말을 골라 ○표 하세요.

1) 저 집은 자식 (농사 / 농업)을(를) 잘 지었어.

2) 추수까지 모두 마치면 (농번기 / 농한기)가 돼.

3) 아버지께서는 (귀농 / 귀가)을(를) 하셔서 농사를 짓고 계셔.

4) 농사짓는 분들은 (농협 / 수협)에서 도움을 받을 수 있어.

5) 농부들이 모내기를 하면서 (농요 / 동요)를 부르고 있어.

⑤ 그림과 낱말을 알맞게 연결하세요.

1)

2)

| 농 | 번 | 기 |

| 농 | 한 | 기 |

⑥ 설명을 읽고, 알맞은 낱말을 연결하세요.

1) 농사짓는 방법 •   • 농기구

2) 농사에 필요한 물 •   • 농법

3) 농사를 지어 생산한 물건 •   • 농업용수

4) 농사에 필요한 도구 •   • 농산물

귀농

귀농인

소작농

농가월령가

농사직설

농법

농기구

농기계

농요

농악

농악대

농업용수

농악

사전에 미리미리 챙겨요

事
일 사

'모순'처럼 옛날에 있었던 일에서 만들어진 말을 뭐라고 할까요? (   )

① 어불성설   ② 조삼모사   ③ 고사성어   ④ 온고지신

정답은 ③번 고사성어(故事成語)입니다. 여기에서 사(事)는 '일'이라는 뜻을 나타내요. 여러 가지 일을 나타내는 말로 다음 빈칸을 채워 봐요.

남을 받들어 돕는 일은 봉사, 결혼에 관한 일은 혼□, 밥을 먹는 일은 식□, 곡식 등을 길러 거두는 일은 농□, 무기나 전쟁과 같이 군(軍)에 관한 일은 군□, 기쁜 일은 경사(慶事)라고 합니다.

빈칸을 채우면 혼사, 식사, 농사, 군사가 됩니다.

事 | 일 사

고사성어(故옛 고 事 成이룰 성 語말씀 어)
옛날의 일에서 만들어진 말

🔔 모순(矛창 모 盾방패 순)은 원래 '창과 방패'라는 뜻이지만, 사실이나 이야기의 앞뒤가 맞지는 것을 비유한 말로도 쓰여요.

봉사(奉받들 봉 事)
남을 받들어 돕는 일

혼사(婚결혼 혼 事)
결혼에 관한 일

식사(食먹을 식 事)
밥을 먹는 일

농사(農농사 농 事)
곡식 등을 길러 거두는 일

군사(軍군사 군 事)
군에 관한 일

경사(慶기뻐할 경 事)
기쁜 일

"신문이나 뉴스를 보면 당시에 일어나는 일에 대해 잘 알 수 있게 됩니다."에서 '당시에 일어나는 일'은 무엇일까요?

맞아요. 시사(時事)라고 해요. 그리고 아무 일도 일어나지 않으면 무사(無事)라고 해요. 나쁜 일이 일어나지 않고, '아무 탈 없이 지내다'라는 뜻이에요.

사전(事前)은 '일이 일어나기 전'을 뜻합니다. 사전에 배울 내용을 공부하면, 수업 시간에 공부 내용을 훨씬 이해하기 쉽겠죠?

그럼 일과 관련된 다른 말들도 함께 찾아봐요.

일의 항목 하나하나는 □항, 일이 벌어진 까닭은 □연, 일과 물건은 □물이라고 합니다.

완성된 낱말은 사항, 사연, 사물입니다.

> 오른쪽 그림의 빈칸에 들어갈 말은 무엇일까요? (   )
>
> ① 치사   ② 매사   ③ 예사   ④ 겸사

정답은 ③번 예사입니다. 예사(例事)는 보통 흔히 있는 일이라는 뜻입니다. 약속을 예사로 어긴다는 말은 걸핏하면 약속을 어긴다는 말이지요. 비슷한 말은 다반사(茶飯事)입니다. 차를 마시거나 밥을 먹는 것처럼 흔히 있는 일이라는 뜻이지요. '예삿일'이나 '예사로운 일'도 같은 뜻의 말입니다. 반대말은 '예사가 아닌 일'입니다. 평범하지 않은 일이라는 말이지요.

남부끄러울 정도로 쩨쩨한 말과 행동을 보면 치사하다고 하지요. '하는 일마다'를 뜻하는 말은 매□(每事), '일을 겸하여 한꺼번에 하는 것'은 겸□겸□입니다.

시사(時때 시 事)
당시에 일어나는 일

무사(無없을 무 事)
아무 일도 일어나지 않는 것

사전(事 前앞 전)
일이 일어나기 전

사항(事 項항목 항)
일의 항목 하나하나

사연(事 緣까닭 연)
일이 벌어진 까닭

사물(事 物물건 물)
일과 물건

예사(例대부분 예 事)
보통 흔히 있는 일

다반사(茶차 다 飯밥 반 事)
차를 마시고 밥을 먹는 것처럼 흔히 있는 일 = 예삿일 = 예사로운 일

치사(恥부끄러울 치 事)
말이나 행동이 쩨쩨한 것

매사(每마다 매 事)
하는 일마다

겸사겸사(兼겸할 겸 事 兼事)
일을 겸하여 한꺼번에 하는 것

🔔 사(事)는 '일하다', '일삼다'라는 뜻도 있어요. 어떤 업무에 관련된 일을 하는 곳은 사무소(事 務업무 무 所장소 소), 그 업무를 따라서 자기 일로 삼는 사람은 종사자(從따를 종 事 者사람 자)라고 합니다.

네가 금도끼를 잃어버렸다는데 그게 사실이냐?

그것은 □□□□ 이옵니다. 제가 잃어버린 건 그냥 쇠도끼인데요?

위 그림의 빈칸에 알맞은 말은 무엇일까요? (　　　)

① 파장파장　　② 사실무근　　③ 천재지변　　④ 조삼모사

사실(事實)은 실제 일어난 일이라는 뜻이죠? 사실무근(事實無根)은 '사실이라는 근거가 전혀 없다'라는 뜻이에요. 이렇게 사(事)는 실제 일어난 일인 '사실'을 뜻할 때도 있어요.

고려 때 승려 일연은 삼국 시대에 있었던 사실을 기록해 책으로 남겼는데, '삼국이 남긴 이야기'라 하여 삼국유□라고 합니다.

위의 빈칸에 알맞은 말은 무엇일까요? (　　　)

① 사(史)　　② 서(書)　　③ 전(典)　　④ 사(事)

정답은 ④번입니다. 역사를 기록하는 사람인 사관이 기록한 정식 역사책이 아니기 때문에 '역사 사(史)'가 아니라 '사실 사(事)'를 쓴답니다.

기자가 사실을 기록한 글은 기사, 모든 분야의 사실에 대한 설명을 모아 놓은 책은 백과사전입니다. 국어사전의 '사'는 '말 사(辭)'이지만, 백과사전의 '사'는 '일 사(事)'를 쓰지요.

서사는 '서정'과 반대로 개인의 생각이나 감정을 섞지 않고 사실과 사건을 적는 것입니다. 또 그렇게 쓴 글은 서사적인 글입니다. 서사시는 〈일리아드〉나 〈용비어천가〉처럼 신화, 전설, 영웅 등의 이야기를 꼭 사실처럼 묘사하여 쓴 시를 말합니다.

이게 모두 사실이라고?

서사시는 시이기 때문에, 사실을 과장하거나 왜곡하기도 해요.

事　사실 사

- **사실**(事 實실제 실)
  실제 일어난 일

- **사실무근**(事實 無없을 무 根근거 근)
  사실이라는 근거가 전혀 없음

- **삼국유사**(三석 삼 國나라 국 遺남길 유 事)
  삼국 시대에 있었던 사실을 기록한 책

- **기사**(記기록할 기 事)
  기자가 사실을 기록한 글

- **백과사전**(百모두 백 科과목 과 事 典책 전)
  모든 분야의 사실에 대한 설명을 모아 놓은 책

- **서사**(敍쓸 서 事)
  사실과 사건을 적는 것

- **서사적**(敍事 的~한 적)
  사실과 사건을 적는

- **서사시**(敍事 詩시 시)
  신화, 전설, 영웅 등의 이야기를 사실처럼 묘사하여 쓴 시

🔔 **사건**
'뜻밖에 일어난 일'은 사건(事 件사건 건)이라고 해요. 사회적으로 관심을 끄는 일도 '사건'이지요. 기자들은 '사건'을 취재해서 '기사'를 써요.

감자의 아빠는 누구일까요? 솔로몬 왕도 해결하기 어렵겠죠?

| 事 | 공직자 사 |

판사(判재판할 판 事)
사건의 재판을 담당하는 기관의 이름 / 사건의 재판을 담당하는 사람

검사(檢조사할 검 事)
검찰의 일을 담당하는 사람

🔔 **검찰**
검찰(檢 察살필 찰)은 원래 '범죄와 관련된 증거와 일을 조사하고 살피다'라는 뜻입니다. 이 일을 맡아 하는 기관을 뜻하기도 해요.

도지사(道지방 도 知알 지 事)
각 도의 일을 잘 알아 다스리는 사람

주지사(州지방 주 知事)
각 주의 일을 잘 알아 다스리는 사람

영사(領다스릴 영 事)
해외에서 자기 나라의 국제 무역을 지원하고 자기 나라의 국민을 보호하는 일을 하는 사람

지금 솔로몬 왕은 어떤 역할을 하고 있나요? (　)

① 요리사　　② 판사　　③ 의사　　④ 형사

정답은 ②번 판사(判事)입니다. '일의 옳고 그름을 판단하다'라는 뜻입니다. 원래는 사건의 재판을 담당하는 기관의 이름이었는데, 그러한 일을 맡아서 하는 사람으로 뜻이 바뀌었어요.
마찬가지로 검찰의 일을 담당하는 사람은 검사(檢事)라고 합니다.
이렇게 사(事)는 국가 기관의 일인 공직을 맡아 하는 사람을 뜻해요.

국가 기관의 일을 맡아서 하는 사람은 누구일까요? (　,　)

① 도지사　　② 의사　　③ 변호사　　④ 영사

정답은 ①번과 ④번이에요. 의사나 변호사는 국가 기관의 일을 하는 사람이 아니라 전문 직업을 가진 사람을 뜻하거든요.
도지사(道知事)는 각 도의 일을 잘 알아 다스리는 사람을 뜻합니다. 미국처럼 전국이 주(州)로 나뉜 나라에서는 주지사가 주의 일을 담당하지요. 영사(領事)는 해외에서 자기 나라의 국제 무역을 지원하고 자기 나라의 국민을 보호하는 일을 맡은 사람입니다.

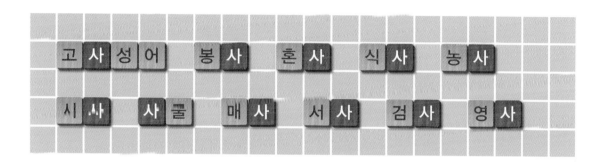

일 사

고사성어

봉사

혼사

식사

농사

군사

경사

시사

무사

사전

사항

사연

사물

예사

다반사

예삿일

예사로운 일

치사

① 공통으로 들어갈 한자를 따라 쓰세요.

봉 □

고 □ 성 어

실 □

事 일 사

삼 국 유 □

검 □

연 □

② 어떤 낱말에 대한 설명인지 쓰세요.

1) 옛날의 일에서 만들어진 말 ➡ □□□□

2) 기자가 사실을 기록한 글 ➡ □□

3) 결혼에 관한 일 ➡ □□

4) 일과 물건 ➡ □□

5) 기쁜 일 ➡ □□

③ 알맞은 낱말을 찾아 문장을 완성하세요.

1) 어머니께서는 한 달에 한 번 양로원에 □□ 활동을 가세요.

2) 너는 왜 □□에 부정적이니?

3) 신문사에서는 기자들이 신문 □□를 쓰느라 바빠.

4) 도를 다스리는 사람 중 제일 높은 사람은 □□□야.

5) 이번 사건의 진실을 □□가 샅샅이 조사했어.

4 문장에 어울리는 낱말을 골라 ○표 하세요.

1) 엄마께서는 언니의 (혼사 / 경사) 준비로 바쁘셔.

2) 나는 어제 있었던 일을 (사실 / 사정)대로 말씀드렸어.

3) 결혼한 고모께서 아기를 낳으신 일은 우리 집안의 (경사 / 기사)야.

4) 오늘 라디오 방송에 내가 보낸 (사연 / 사실)이 나왔어.

5 다음 괄호 안에 들어갈 말이 순서대로 짝 지어진 것을 고르세요. (   )

> 기자는 언제나 (㉠   )이(가) 일어난 현장으로 달려갑니다.
>
> 기자가 쓰는 글은 (㉡   )(이)라고 합니다.
>
> 기자는 언제나 (㉢   )만을 전달해야 합니다.

① ㉠ – 사건 ㉡ – 기사 ㉢ – 사실

② ㉠ – 사실 ㉡ – 기사 ㉢ – 사건

③ ㉠ – 기사 ㉡ – 사실 ㉢ – 사건

④ ㉠ – 사건 ㉡ – 사실 ㉢ – 기사

6 밑줄 친 낱말이 잘못 쓰인 것을 고르세요. (   )

① 고사성어를 쓰면 자신의 생각을 보다 간단하고 재치 있게 전할 수 있어요.

② 인사성이 밝은 진희는 참 예사로운 아이야.

③ 걸핏하면 반칙을 써서 이기려 들다니 정말 치사하다니까.

④ 제가 학원 안 가고 피시방에서 노는 소문은 사실무근이라고요.

매사

겸사겸사

사실

사실무근

삼국유사

기사

백과사전

서사

서사적

서사시

사건

판사

검사

검찰

도지사

주지사

영사

먹을 것으로 만든 멋진 작품

품
물건 품

우아, 이게 그림이야, 요리야?

이거 아까워서 어떻게 먹어…

정말 먹기 아깝겠네요. 이건 요리라기보다는 작품이지요. 작품(作品)은 만들어진 물건이라는 뜻입니다. 하지만 아무 물건에나 쓰는 말은 아니에요. '예술 작품'처럼 특이하거나 뛰어나게 만들어진 물건을 가리킬 때에 쓰는 말이지요.

여기에서 품(品)은 물건을 뜻하는 말입니다. 쓸 만한 값어치가 있는 물건은 특별히 물품이라고 불러요. 학용품은 공부할 때에 쓰는 물건이고, 제품(製品)은 어떤 재료를 써서 만든 물건이죠.

예를 들어 우유로 만들면 유제품, 가죽으로 만들면 가죽 제품이라고 합니다.

品	물건 품

■ **작품**(作만들 작 品)
뛰어나게 만들어진 물건

■ **물품**(物물건 물 品)
쓸 만한 값어치가 있는 물건

■ **학용품**(學공부할 학 用쓸 용 品)
공부할 때에 쓰는 물건

■ **제품**(製만들 제 品)
어떤 재료를 써서 만든 물건

■ **유제품**(乳젖 유 製品)
버터, 분유처럼 우유로 만든 제품

■ **가죽 제품**(製品)
가죽으로 만든 제품

으아, 그건 제일 비싼 □□이란 말이야!

위 그림의 빈칸에 들어갈 말은 무엇일까요? ( )

① 폐품 　② 부품 　③ 작품 　④ 골동품

정답은 ②번이에요. 부품(部品)은 어떤 부분에 쓰이는 물건이에요. 폐품은 못쓰게 된 물건이죠. 하지만 우습게 보지 마세요. 그중에 골동품이 있을 수 있거든요. 골동품은 오래되어 희귀해진 옛날 물건을 말해요.

출품(出品)은 전람회나 전시회 등에 작품을 내어 놓는 것입니다.

아들이 출품한 작품에 높은 점수를 달라고 돈을 주는 모양이네요. 이런 걸 '금품을 주고받다', '금품 수수'라고 합니다. 금품은 돈과 물품을 뜻해요. 여러 사람에게 금품을 나누어 주는 것은 '금품 살포'라고 합니다. 이렇게 자기편을 들어 달라고 금품을 주거나, 남에게서 금품을 뺏는 것은 옳은 일이 아니겠죠? 하지만 자선 단체에 금품을 기부하는 것처럼 좋은 일도 있어요.

팔기 위한 물건은 상품(商品)입니다. 그런데 여행 상품이나 보험 상품 같은 건 물건이 아니잖아요? 하하, 맞아요. 물건에서 온 말이지만 상품 중에는 만질 수 없는 것도 있어요. 돈을 주고 살 수 있는 것들은 모두 상품에 포함됩니다.

그럼 팔지 않는 물건은 뭐라고 할까요? (　　　)

① 비상품　　② 비금품　　③ 비제품　　④ 비매품

정답은 ④번 비매품이에요. 잠깐! 경품도 공짜잖아요! 경품은 무슨 뜻일까요? 그건 일정 액수 이상의 상품을 사는 손님에게 곁들여 주는 물건을 말해요.

부품(部나눌 부 品)
어떤 부분에 쓰이는 물건

폐품(廢못쓰게 될 폐 品)
못쓰게 된 물건

골동품
(骨뼈 골 董묻을 동 品)
뼈와 함께 묻혀 있었을 만큼 오래되어 희귀해진 옛날 물건

출품(出 내어놓을 출 品)
전람회, 전시회, 품평회 등에 작품을 내어놓는 것

금품(金돈 금 品)
돈과 물품

상품(商장사 상 品)
팔기 위한 물건

비매품(非아닐 비 賣팔 매 品)
무료로 주거나 견본으로 쓰려고 만든 물건 / 팔지 않는 물건

경품(景그림자 경 品)
일정 액수 이상의 상품을 사는 손님에게 곁들여 주는 물건

🔔 **품종과 품목**
품종(品 種종류 종)은 '물품의 종류', 품목(品 目항목 목)은 '물품의 항목'이에요. '품종'은 농작물과 가축 따위를 분류할 때, '품목'은 물품의 항목을 하나하나 말할 때에 씁니다.

> 오늘 고기가 **품질**이 좋은데요?

> 맛도 **일품**이죠.

물건에는 좋고 나쁨이 있어요. 이것을 '품질'이라고 하지요. 품질(品質)은 물건의 성질이나 바탕을 말합니다. 그리고 품(品)이 물건의 질이나 등급을 나타내기도 합니다.

품질이 아주 좋은 제품은 일등 제품 또는 일품이라고 합니다. '맛이 일품'이란 말은 맛이 최고라는 뜻이죠. 품질과 비슷한 말이 품격(品格)입니다. 품격은 물건의 지위를 말하지요. '품격이 높다'라는 말은 물건이 고상하고 격이 높은 인상을 풍긴다는 뜻입니다.

사람에게도 품격이 있습니다. 이것을 인품(人品)이라고 하지요. 인품과 비슷한 말로 성질과 품격을 뜻하는 성품이 있어요. 성품은 품성이라고도 해요. 인품, 성품, 품성, 셋 다 사람의 성질과 됨됨이를 가리킬 때에 쓰는 말이에요. 인품이 훌륭한 사람은 품행도 뛰어나답니다. 품행은 품격과 행동을 뜻해요.

옛날에 품(品)은 벼슬의 등급을 나타내기도 했어요. 일품은 최고 벼슬, 이품은 그다음 벼슬이었죠. 이 벼슬 등급의 차례를 품계라고 불렀는데, 경복궁 근정전에 있는 품계석은 바로 이 품계를 새겨 넣은 돌이랍니다. 품위는 각각의 벼슬에 알맞은 위엄이나 기품입니다. 품위를 지킨다는 건 벼슬에 맞게 행동한다는 뜻이지요.

🔔 이런 말도 있어요

골품 제도는 신라 시대의 신분 제도로 혈통에 따라 운영되었어요. 골품(骨品)은 뼈에도 등급이 있다는 뜻이지요. 성골이나 진골은 왕족이고, 사두품부터 육두품까지는 귀족, 삼두품 이하는 평민이었어요.

■ 골품(骨 뼈 골 品) 혈통에 따라 나눈 신라 시대의 신분 제도

品 등급 品

■ **품질**(品 質 바탕 질)
물건의 성질이나 바탕

■ **일품**(一 한 일 品)
품질이 아주 좋은 제품 = 일등 제품

■ **품격**(品 格 지위 격)
물건의 지위

■ **인품**(人 사람 인 品)
사람의 품격

■ **성품**(性 바탕 성 品)
성질과 품격 = 품성

■ **품행**(品 行 행할 행)
품격과 행동

品 벼슬 등급 品

■ **품계**(品 階 차례 계)
벼슬 등급의 차례

■ **품계석**(品階 石 돌 석)
품계를 새겨 넣은 돌

■ **품위**(品 位 자리 위)
벼슬에 알맞은 위엄이나 기품

🔔 정이품송

세조의 행차에 스스로 가지를 들어 길을 비킨 공로로 정이품(正二品)의 벼슬을 받은 소나무예요.

전시품(展示品)은 전시되어 있는 물건입니다. 기념품(紀念品)은 기념이 되는 물건으로, 사고팔기도 하고 주고받기도 해요. 이렇게 품(品)은 낱말 뒤에 붙어서 '~한 물건'이라는 뜻이 되기도 합니다.

외국에서 물건을 들여오거나 내갈 때는 꼭 나라에 신고하고 세금을 내야 합니다. 그렇게 하지 않고 몰래 들여온 물건은 밀수품이라고 해요.

또, 생활에 꼭 필요한 건 아니지만 자기가 즐기고 좋아하는 독특한 취향의 음식이나 물건은 기호품이죠. 이때 기호(嗜好)는 '+'나 '−' 같은 것이 아니라, '즐기고 좋아하다'라는 뜻입니다.

오른쪽의 사진은 진시황의 무덤에서 발견된 진흙 인형들입니다. 이처럼 장사 지낼 때 무덤에 함께 넣는 물건을 부장품이라고 해요.

빈칸에 '품'을 넣어 보세요.

전쟁에 이겨 얻게 된 물건은 전리□, 생활에 꼭 필요한 물건은 생필□, 분에 넘치는 사치스러운 물건은 사치□, 고마움의 답례로 주는 물건은 답례□입니다.

생필품은 필수품으로, 답례품은 사은품으로 바꿔 쓸 수 있어요.

品 ~한 물건 품

- **전시품**(展펼 전 示보일 시 品)
- **기념품**
  (紀기억할 기 念생각할 념 品)
- **밀수품**(密비밀 밀 輸나를 수 品)
  세금을 내지 않고 외국에서 몰래 들여온 물건
- **기호품**
  (嗜즐길 기 好좋아할 호 品)
  즐기고 좋아하는 것
- **부장품**
  (副버금 부 葬장사 지낼 장 品)
  장사 지낼 때 무덤에 함께 넣는 물건
- **전리품**(戰싸울 전 利이익 리 品)
  전쟁에 이겨 얻게 된 물건
- **생필품**(生살 생 必반드시 필 品)
  생활에 꼭 필요한 물건 = 필수품
- **사치품**
  (奢과분할 사 侈사치할 치 品)
  분에 넘치는 사치스러운 물건
- **답례품**
  (答대답할 답 禮예의 예 品)
  고마움의 답례로 주는 물건 = 사은품

품
물건 품

작품

물품

학용품

제품

유제품

가죽 제품

부품

폐품

골동품

출품

금품

상품

비매품

경품

품종

품목

품질

일품

일등 제품

품격

❶ 공통으로 들어갈 한자를 따라 쓰세요.

작

격

비 매

品
물건 품

가 죽 제

인

행

❷ 어떤 낱말에 대한 설명인지 쓰세요.

1) 뛰어나게 만들어진 물건 ➡ ☐☐

2) 공부할 때에 쓰는 물건 ➡ ☐☐☐

3) 부분을 이루는 물건 ➡ ☐☐

4) 사람의 품격 ➡ ☐☐

5) 기념이 되는 물건 ➡ ☐☐☐

❸ 알맞은 낱말을 찾아 문장을 완성하세요.

1) 우리 회사에서는 질 좋은 ☐☐ 을 만들어요.

2) 우리 아빠의 취미는 희귀한 ☐☐☐ 을 수집하시는 거야.

3) 이 물건은 일반인에게는 판매하지 않는 ☐☐☐ 이에요.

4) 선생님께서는 조용하고 겸손한 ☐☐ 을 지니셨어요.

5) 이번 전시회에 많은 작가들이 작품을 ☐☐ 하였습니다.

4 문장에 어울리는 낱말을 골라 ○표 하세요.

1) 빈 병이나 신문지 같은 (폐품 / 작품)은 재활용할 수 있어.

2) 만 원 이상 사면 (부품 / 사은품)으로 공책을 준대.

3) 정말 멋지지? 이 (작품 / 금품)은 유명한 화가가 그린 거야.

4) 제주도 여행에서 (기념품 / 기호품) 꼭 사 와.

5 그림을 보고, 빈칸에 공통으로 들어갈 알맞은 말을 [보기]에서 골라 쓰세요.

보기	경품 물품 금품

6 설명을 읽고, 알맞은 낱말을 연결하세요.

1) 물건의 성질이나 바탕 •   • 품행

2) 일등 제품 •   • 품계

3) 품격과 행동 •   • 품질

4) 벼슬 등급의 차례 •   • 일품

인품

성품

품성

품행

품계

품계석

품위

정이품송

전시품

기념품

밀수품

기호품

부장품

전리품

생필품

필수품

사치품

답례품

사은품

종류는 달라도 우리는 모두 종자

種
씨앗 종

안녕? 꼬맹이들!

도망쳐!

깍, 거인이다!

종자(種子)는 씨앗을 뜻해요. 종(種)이 '씨앗'이라는 뜻이거든요.
우리가 밥을 먹고 옷을 입는 건 모두 작은 씨앗 덕분이랍니다. 쌀을
만드는 건 볍씨, 옷을 만드는 건 목화씨니까요.

> 벼나 목화같이 씨앗에서 난 식물은 무엇이라고 할까요? (　　　)
>
> ① 나무 식물　　　② 종자식물　　　③ 씨앗 식물

맞아요. 종자식물이라고 합니다.
씨앗이 들어가는 여러 말들을 알아볼까요?
종자식물을 기르기 위해 씨앗을 땅에 뿌리는 것은 파◻,
씨앗이나 묘목 등을 따로 심어 기르는 곳은 ◻묘장,
종자가 끊겨 대를 잇지 못하는 것은 단◻,
종자가 아예 없어져 씨가 마른 것은 멸◻이라고 합니다.
완성된 낱말은 파종, 종묘장, 단종, 멸종이에요.
모두 씨앗을 뜻하는 '종'이 들어가죠?
단종(斷種)은 씨가 잠시 끊긴 것이므로 되살릴 수 있지만,
멸종(滅種)은 씨가 아예 말라 버린 것이기 때문에 되살릴 수 없습니다.

種　씨앗 종

■ **종자**(種 子씨앗 자)
씨앗

■ **종자식물**(種子 植심을 식
物만물 물)
씨앗에서 난 식물

■ **파종**(播뿌릴 파 種)
씨앗을 땅에 뿌리는 것

■ **종묘장**(種 苗묘목 묘 場장소 장)
씨앗이나 묘목 등을 따로 심어
기르는 곳

■ **단종**(斷끊어질 단 種)
종자가 끊겨 대를 잇지 못하는 것

■ **멸종**(滅없어질 멸 種)
종자가 아예 없어져 씨가 마른 것

🔔 좋은 씨를 받기 위해 기르
는 동물들의 수컷에도 종(種)
이 붙어요.
예 종마(種 馬말 마), 종돈(種
豚돼지 돈), 종견(種 犬개 견)

| 種 | 종자 종 |

■ **토종**(土땅토 種)
그 땅에서 태어나 사는 사람 또
는 그 땅에서 나는 종자

■ **재래종**(在있을재 來올래 種)
한곳에서만 나서 자라 온 종

■ **자생종**(自스스로자 生살생 種)
자기 힘으로 퍼져서 사는 종

■ **개량종**(改고칠개 良좋을량 種)
우수한 종이 되도록 고쳐서 길
러 낸 새 종자

■ **희귀종**(稀드물희 貴귀할귀 種)
매우 드물어서 귀한 종자

■ **순종**(純순수한순 種)
다른 씨가 섞이지 않은 순수한
종

■ **잡종**(雜섞일잡 種)
다른 씨가 섞인 종

■ **품종**(品물건품 種)
농작물이나 가축을 겉모습이나
특성이 같은 종끼리 분류한 것

'본토박이'를 다른 말로 바꾼다면 무엇이 제일 좋을까요? (   )

① 농부   ② 토종   ③ 서울내기   ④ 시골뜨기

②번 토종이에요. 토종(土種)은 대대로 그 땅에서 태어나 사는 사람, 또는 그 땅에서 나는 종자를 말해요. 재래종도 토종과 비슷한 뜻이에요. 재래종(在來種)은 한곳에서만 나서 자라온 종으로 그곳의 풍토에 알맞은 농작물이나 가축을 가리켜요.
빈칸에 '종'을 넣으면서 뜻을 이해해 보세요.
자기 힘으로 퍼져서 사는 종은 자생☐,
우수한 종이 되도록 고쳐서 길러 낸 새 종자는 개량☐,
매우 드물어서 귀한 종자는 희귀☐입니다.

왼쪽 그림의 빈칸에 가장 알맞은 말은 무엇일까요? (   )

① 접종   ② 순수
③ 특종   ④ 순종

잘 골랐나요? 정답은 ④번 순종이에요. 순종(純種)은 다른 씨가 섞이지 않은 순수한 종입니다. 그럼 순종의 반대말은 무엇일까요?
네, 다른 씨가 섞인 종인 잡종(雜種)이에요. 농작물이나 가축을 겉모습이나 특성이 같은 종끼리 분류한 것은 품종(品種)입니다.

種	종류 종

■ **종류**(種 類나눌 류)
같은 종끼리 나눈 것

■ **일종**(一한 일 種)
한 가지 종류

■ **각종**(各각각 각 種)
각각의 종류

■ **업종**(業직업 업 種)
직업의 종류

■ **인종**(人사람 인 種)
사람의 종류

■ **백인종**(白흰 백 人種)
살갗이 하얀 사람의 종류 = 백색 인종

■ **흑인종**(黑검을 흑 人種)
살갗이 검은 사람의 종류 = 흑색 인종

■ **황인종**(黃누런 황 人種)
머리털이 검고 살갗이 노란 사람의 종류 = 황색 인종

■ **신종**(新새로울 신 種)
새로운 종류

■ **독종**(毒독 독 種)
성질이 독한 종류

■ **별종**(別다를 별 種)
보통과 다른 종류

이렇게 같은 종끼리 분류한 것을 종류(種類)라고 해요. 종(種)은 다른 말 뒤에 붙어 '종류'라는 뜻으로 쓰인답니다.
어떤 한 가지 종류는 일종(一種), 각각의 종류는 각종(各種),
직업의 종류는 업종(業種)이에요.

> 그러면 사람의 종류는 무엇이라고 할까요? (   )
>
> ① 인종   ② 인간   ③ 국민   ④ 민족

네, 인종(人種)이에요.
인종은 보통 피부색에 따라 나누죠.
살갗이 하얀 사람은 ☐인종,
살갗이 검은 사람은 ☐인종,
머리털이 검고 살갗이 노란 사람은
☐인종으로 나뉩니다.
빈칸을 채우면 백인종, 흑인종, 황인종이 됩니다.
한편 새로 발견한 새로운 종류는 신종(新種), 성질이 독한 종류는
독종(毒種), 보통과 다른 종류는 별종(別種)이지요.

🔔 **이런 말도 있어요**

'인종 차별'이라는 말을 들어 봤나요? 자기네 인종이 뛰어나다는 편견을 갖고 다른 인종에게 불이익을 주는 것이 인종 차별(人種差別)이에요. 백인이 흑인을 차별하거나, 우리보다 못사는 나라에서 온 이주 노동자를 무시하는 것도 인종 차별이랍니다.
■ **인종 차별**(人種 差다를 차 別다를 별) 자기네 인종이 뛰어나다는 편견을 갖고 다른 인종에게 불이익을 주는 것

예방 □□을 해야 독감에 안 걸리지.

싫어요! 주사 맞는거 싫어!

왼쪽 그림에서 빈칸에 들어갈 말은 무엇일까요?

네, 접종이에요. 접종(接種)은 병원균이나 백신을 몸속에 직접 심어 넣는 것이랍니다. 이때 종(種)은 '심다'라는 뜻으로 쓰여요. 병원균은 생물체에 들어가 병을 일으키는 세균입니다. 미리 작은 병원균과 싸우게 해서, 진짜 큰 병원균과 싸워 이길 수 있는 힘을 길러 주는 거죠.

병에 걸리기 전에 미리 접종을 해서 막는 것은 예방 □□, 접종하는 방법은 □□법(接種法)입니다.

빈칸에 공통으로 들어갈 말은 '접종'이에요.

접종법에는 병원균이 들어 있는 약물을 신체 조직이나 혈관에 주사로 맞는 주사 접종법과 약으로 먹는 경구 접종법이 있어요. 경구란 입을 통해서 지나간다는 뜻이에요.

지석영 선생이 우리나라에 보급한 □□□은 천연두 예방에 큰 기여를 했습니다. 빈칸에 들어갈 말은 무엇일까요? ( )

① 종자법   ② 종묘법   ③ 종류법   ④ 종두법

정답을 모른다고요? ④번 종두법이에요. 천연두 예방과 치료를 위해 백신을 몸속에 심어 놓는 방법을 뜻해요.

種 심을 종

접종(接접할 접 種)
병원균이나 백신을 몸속에 직접 심어 넣는 것

예방 접종
(豫미리 예 防막을 방 接種)
병에 걸리기 전에 미리 접종을 해서 막는 것

접종법(接種 法법 법)
접종하는 방법

주사 접종법(注물 흐를 주 射쏠 사 接種法)
백신 약물을 피부 조직이나 혈관에 직접 넣는 방법

경구 접종법(經지날 경 口입 구 接種法)
백신을 입을 통해 넣는 방법

종두법(種 痘천연두 두 法)
천연두 예방과 치료를 위해 백신를 몸속에 심어 놓는 방법

🔔 **백신(vaccine)**
전염병을 예방하기 위해서 인공적으로 만든 주사약이에요. 독감 예방 주사가 대표적이죠.

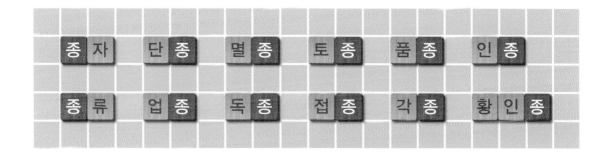

종자   단종   멸종   토종   품종   인종
종류   업종   독종   접종   각종   황인종

種
씨앗 종

종자
종자식물
파종
종묘장
단종
멸종
토종
재래종
자생종
개량종
희귀종
순종
잡종
품종
종류
일종

❶ 공통으로 들어갈 한자를 따라 쓰세요.

자
개 량
種
접 법
류

단
씨앗 종
업

❷ 어떤 낱말에 대한 설명인지 쓰세요.

1) 씨앗 ➡ ☐☐

2) 종자식물을 기르기 위해 씨앗을 땅에 뿌리는 것 ➡ ☐☐

3) 종자가 아예 없어져 씨가 마른 것 ➡ ☐☐

4) 매우 드물어서 귀한 종자 ➡ ☐☐☐

5) 다른 씨가 섞인 것 ➡ ☐☐

❸ 알맞은 낱말을 찾아 문장을 완성하세요.

1) 머리털이 검고 살갗의 색이 노란 사람을 ☐☐☐ 이라고 불러.

2) 너, 정말 독하구나. 시험 전날 밤을 꼬박 새우고 나오다니 너는 참 ☐ ☐ 이야.

3) 아버지는 어떤 ☐☐ 에 종사하시니?

4) 너의 강아지는 풀을 먹는다고? 참 ☐☐ 이다.

4 문장에 어울리는 낱말을 골라 ○표 하세요.

1) 이 제품은 지금 (단종 / 파종)되어서 판매하지를 않아.

2) 전염병에 걸리지 않으려면 미리 예방 (접종 / 멸종)을 해야 해.

3) 이 오이는 크기와 맛을 개선하기 위해 만든 (개량종 / 토종)입니다.

4) 백화점에는 여러 (종류 / 품종)의 과자가 있어.

5 설명을 읽고, 알맞은 낱말을 연결하세요.

1) 씨앗이나 묘목 등을 따로 심어 기르는 곳 •   • 자생종

2) 매우 드물어서 귀한 종자 •   • 희귀종

3) 자기 힘으로 퍼져서 사는 종자 •   • 종묘장

4) 한곳에서만 자라 온 종자 •   • 재래종

6 다음 화살표를 따라가서 말을 모으면 어떤 말이 될까요?

➡ 예 ➡ 아니오

각종
업종
인종
백인종
백색 인종
흑인종
흑색 인종
황인종
황색 인종
신종
독종
별종
인종 차별
접종
예방 접종
접종법
주사 접종법
경구 접종법
종두법
백신

종두법을 발명한 사람은 에디슨이다.

마이클 잭슨처럼 살갗이 검은 사람은 흑인종이다.

독감 예방 접종은 맞기 싫으면 안 맞아도 된다.

병원균이나 백신을 몸에 심어 넣는 것을 접종이라 한다.

푸들과 진돗개 사이에서 나온 강아지의 종은 잡종이다.

동식물들이 멸종되는 데에 인간은 아무 영향을 끼치지 않는다.

나 · 그 · 가 · 는 · 도 · 천 · 청 · 재 · 모

☐ ☐ ☐ ☐

이야기도 전하고 노래도 전하고

傳
전할 전

아유, 예쁜 우리 딸, 공부하나 보네.

그럼 그렇지.

엄마! 와마트에서 예쁜 신발 세일한대요!

지영이가 읽고 있었던 것은 무엇일까요? (　　)

① 전단지　　② 학교 통신문　　③ 알림장　　④ 패션 잡지

네, ①번 전단지였어요. 전단(傳單)은 '어떤 일을 전하는 쪽지'입니다. 선거할 때는 선거 전단을, 광고할 때는 광고 전단을 나누어 주지요. 전단지는 그런 내용이 들어가 있는 종이를 말합니다.

전단지 등을 통하여 여러 사람에게 널리 전하여 알리는 것이 선전(宣傳)입니다. 그런데 전단지를 나누어 주지 않고도 선전하는 방법이 있어요. 바로 입으로 전달하는 겁니다. 전달은 전하여 도달하게 한다는 말이지요. 비슷한 말은 전파입니다. 전하여 퍼뜨린다는 뜻입니다.

오른쪽 그림처럼 입에서 입으로 전하는 것을 뭐라고 할까요? 네, 구전입니다. 악보 없이 입으로 전해진 노래와 이야기는 '구전 민요'와 '구전 설화'라고 한답니다.

새로 생긴 문방구에서 케롱롱 스티커 공짜로 준대!

공짜?

傳　전할 전

■ 전단(傳 單쪽지 단)
어떤 일을 전하는 쪽지

■ 전단지(傳 單 紙종이 지)
전단 종이

■ 선전(宣널리 펄 선 傳)
널리 전하여 알리는 것

■ 전달(傳 達이를 달)
전하여 도달하게 하는 것

■ 전파(傳 播퍼뜨릴 파)
전하여 퍼뜨리는 것

■ 구전(口입 구 傳)
입에서 입으로 전하는 것

42.195km를 달리는 육상 경기인 마라톤은, 전쟁이 벌어졌던 마라톤이라는 곳에서 아테네까지 달려 아테네의 승리를 알리고 죽은 한 전령의 이야기에서 유래했습니다.

전령(傳令)은 명령을 전하는 사람을 말해요. 통신이 발달하지 않은 옛날에는 전령을 통해 전갈을 보냈지요. 전갈은 사람을 시켜서 말을 전하는 것, 또는 전하는 말 그 자체를 가리킵니다. 사람 대신 동물을 쓸 때도 있었어요. 편지를 전하던 비둘기는 전서구라고 부르지요.

그럼 열이나 전기를 전하는 것은 뭐라고 할까요? ( )
① 전도　　　② 전염　　　③ 와전　　　④ 전파

네, 정답은 ①번 전도(傳導)입니다. 전달해서 서로 통하게 하는 거지요. 어? 종교 집단에서 하는 전도가 바로 이 말인가요? 아니에요. 그 전도(傳道)는 '길 도(道)'를 씁니다. 종교의 교리를 전한다는 뜻이지요.

전염은 병균이 전해져서 옮는 것입니다. 병균이 전해져서 옮으면 병에 걸리지요? 이렇게 전염이 되는 병을 전염병이라고 합니다.

오른쪽 그림의 빈칸에 들어갈 말은 무엇일까요? ( )
① 구전　　　② 와전　　　③ 선전　　　④ 전도

이렇게 말이 잘못 진해지는 것을 와전이라고 합니다. 말이 이 사람 저 사람에게 전해지면서 처음의 말과 달리 잘못 전해졌을 때에 쓰는 말이에요.

■ **전령**(傳 令명령 령)
명령을 전하는 사람

■ **전갈**(傳 喝부를 갈)
사람을 시켜서 말을 전하는 것, 전하는 말

■ **전서구**
(傳 書편지 서 鳩비둘기 구)
편지를 전하는 비둘기

■ **전도**(傳 導통할 도)
열이나 전기를 전달해서 서로 통하게 하는 것

■ **전도**(傳 道길 도)
종교의 도리를 전하는 것

■ **전염**(傳 染옮을 염)
병균이 전해져서 옮는 것

■ **전염병**(傳染 病병 병)
전염이 되는 병

■ **와전**(訛거짓 와 傳)
잘못 전해지는 것

🔔 **이심전심**
이심전심(以~에서 이 心마음 심 傳心)은 마음에서 마음으로 전하는 뜻이에요. 오랜 친구 사이는 눈빛만 봐도 뜻이 통하지요. 이때 '이심전심'이란 말을 씁니다.

傳	대대로 이어질 전

전래(傳 來올 래)
옛날부터 이어져 내려오는 것
= 전승

전래 동요(傳 來 童아이 동
謠노래 요)
옛날부터 이어져 내려오는 어
린이들의 노래

전설(傳 說이야기 설)
옛날부터 이어져 내려오는 이
야기 / 전래 설화를 줄인 말

전통(傳 統계통 통)
조상들의 생각, 행동, 생활 방
식 등이 계통을 잃지 않고 이어
지는 것

전통문화(傳 統 文글월 문
化될 화)
옛날부터 대대로 이어져 내려
온 생활 문화

전수(傳 授줄 수)
전통이나 기술, 지식 등을 물려
주는 것

전수(傳 受받을 수)
전통이나 기술, 지식 등을 물려
받는 것

부전자전
(父아버지 부 傳 子아들 자 傳)
아버지가 물려주고 아들이 이
어받는 것 / 아들이 아버지를
닮았을 때 쓰는 말

유전(遺남길 유 傳)
신체적, 정신적 특징이 대대로
남아서 이어지는 것

위 그림의 빈칸에는 어떤 말이 어울릴까요? (　　　)

① 비밀　　　② 전래　　　③ 옛날　　　④ 최신

정답은 ②번 전래입니다. 전래(傳來)는 옛날부터 이어져 내려온다
는 뜻이에요. 비슷한 말로 전승이 있지요. 옛날부터 이어져 내려오
는 어린이들의 노래는 전래 동요, 옛날부터 이어져 내려오는 이야
기는 전설이에요. 이때 전(傳)은 '대대로 이어지다'라는 뜻입니다.
한복, 떡국, 세배 등 옛날부터 대대로 이어져 내려온 생활 문화를
전통문화라고 해요. 전통은 조상들의 생각, 행동, 생활 방식 등이
계통을 잃지 않고 이어지는 것을 말하지요. 전통이나 기술, 지식 등
을 물려주는 것은 '줄 수(授)'를 써서 전수(傳授), 반대로 물려받는
것은 '받을 수(受)'를 써서 전수(傳受)라고 해요.
부□자□은 아버지가 물려주고 아들이 이어받는다는 뜻이에요.
아들이 아버지를 닮았을 때 쓰는 말이죠.
빈칸에 들어갈 말은? 네, '전'이에요.
나는 부모님의 어떤 모습을 이어받았나요?
곱슬머리? 키?
좋아하는 음식?
이렇게 신체적, 정신
적 특징이 대대로 남아
서 이어지는 것은 유전
(遺傳)이라고 해요.

한 사람의 삶에 대한 이야기가 다른 이들에게 전해지기도 합니다. 이 것을 글로 써서 전하는 것이 전기(傳記)이지요. 그 가운데에서 훌륭한 사람의 일생을 써서 전하는 글이 위인전기입니다. 위인전은 위인전기의 준말이지요. 그래서 전(傳)은 '전기'라는 뜻으로도 쓰여요.

자서전(自敍傳)은 스스로 자신의 일생을 직접 쓴 전기입니다. 할아버지, 할머니께서 쓰신 자서전을 보면, 그분들이 여러분 나이일 때 무슨 생각을 하고 어떻게 생활하셨는지 알 수 있지요.

평전(評傳)은 한 사람에 대한 평가를 덧붙인 전기입니다. 나쁜 일을 많이 했다면, 평전이 나왔을 때 후손들이 정말 부끄러울 거예요.

또 〈놀부전〉, 〈홍길동전〉, 〈심청전〉, 〈춘향전〉 등 '전'으로 끝나는 옛날이야기는 전기 형식으로 쓰인 옛날 소설이에요. 그러니까 사람 이름 뒤에 전(傳)이 붙어 있는 옛날 이야기는 대개 그 인물의 일생을 적은 이야기를 적은 책이라는 것을 알 수 있겠지요!

傳 전기 전

- **전기**(傳 記기록할 기)
  한 사람의 삶에 대해 글로 써서 전하는 것
- **위인전기**
  (偉훌륭할 위 人사람 인 傳記)
  훌륭한 사람의 일생을 써서 전하는 글 = 위인전
- **자서전**(自자기 자 敍쓸 서 傳)
  스스로 자신의 일생을 직접 쓴 전기
- **평전**(評평가할 평 傳)
  한 사람에 대한 평가를 덧붙인 전기

🔔 **입지전**
뜻을 세워 출세한 사람의 전기를 입지전(立세울 립 志뜻 지 傳)이라고 합니다. '입지전적인 사람'은 입지전을 써도 될 만큼 성공을 거둔 사람이라는 뜻이지요.

傳 이야기 전

- 놀부전
- 심청전
- 홍길동전
- 춘향전

전할 전

① 공통으로 들어갈 한자를 따라 쓰세요.

단		
위	인	傳	부	자		기
선						통

전할 전

② 어떤 낱말에 대한 설명인지 쓰세요.

1) 전하여 퍼뜨리는 것 ➡ ☐☐

2) 입에서 입으로 전하는 것 ➡ ☐☐

3) 명령을 전하는 사람 ➡ ☐☐

4) 한 사람에 대한 평가를 덧붙인 전기 ➡ ☐☐

5) 훌륭한 사람의 일생을 써서 전하는 글 ➡ ☐☐☐

③ 알맞은 낱말을 찾아 문장을 완성하세요.

1) 쇠는 열이나 전기를 잘 전하는 ☐☐체야.

2) 손발과 주변이 청결해야 ☐☐☐에 걸리지 않아.

3) 이번 장기 자랑에서는 옛날부터 내려온 ☐☐ 동요를 부르자.

4) 책 읽기를 좋아하는 것도 아버지와 아들이 같은 것을 보니, ☐☐☐
☐이네.

5) 할아버지께서는 삶을 후세에 전하기 위해 ☐☐☐을 쓰셨어.

전단

전단지

선전

전달

전파

구전

전령

전갈

전서구

전도

전염

전염병

와전

4 문장에 어울리는 낱말을 골라 ○표 하세요.

1) 이런 좋은 행사는 (전통 / 전기)(으)로 삼아 오래도록 이어나가야 해.

2) (전달 / 선전) 광고만 보고 물건을 사면 후회해.

3) 결승전에서 이겼다는 (전파 / 전갈)(을)를 받으니 정말 기뻐.

4) 어릴 때는 훌륭한 사람들의 (위인전 / 자서전)을 많이 읽어야 해.

5 설명을 읽고, 알맞은 낱말을 연결하세요.

1) 편지를 전하는 비둘기 •   • 전수

2) 사람을 시켜서 말을 전하는 것 •   • 유전

3) 옛날부터 이어져 내려오는 것 •   • 전서구

4) 전통이나 기술, 지식 등을 물려받는 것 •   • 전갈

5) 신체적, 정신적 특징이 대대로 남아서 이어지는 것 •   • 전래

6 그림에 알맞은 낱말을 골라 쓰세요.

| 입지전적 | 이심전심 | 부전자전 |

이심전심
전래
전승
전래 동요
전설
전통
전통문화
전수(傳授)
전수(傳受)
부전자전
유전
전기
위인전기
위인전
자서전
평전
입지전
놀부전
홍길동전
심청전
춘향전

횡설수설 말고 잘 설명해 봐

몸짓만 하니 무슨 말인지 모르겠죠? 말을 해야 뜻이 분명해지죠. 설(說)은 '말하다'라는 뜻입니다. 설명한다는 것은 무엇을 밝혀 말한다는 뜻이에요. 설명하는 글은 설명문이고, 설명을 적어 놓은 문서는 설명서라고 해요.

오른쪽 그림에서 운동 경기 내용을 설명하고 있는 사람의 직업은 무엇일까요? (   )

① 스포츠 선수　　② 스포츠 감독
③ 스포츠 기자　　④ 스포츠 해설자

정답은 ④번 스포츠 해설자예요.
해설은 쉽게 풀어서 말하는 것이고,
해설자는 해설하는 사람이에요.
여러 사람들 앞에서 자신의 의견을
말하는 것은 연설이에요.
연설 내용을 적은 글은 연설문,
연설하는 사람을 연설가 또는 연사라고 합니다.

說 말할 설

- **설명**(說 明밝힐 명)
  밝혀 말하는 것
- **설명문**(說明 文글 문)
  설명하는 글
- **설명서**(說明 書문서 서)
  설명을 적어 놓은 문서
- **해설**(解풀 해 說)
  쉽게 풀어서 말하는 것
- **해설자**(解說 者사람 자)
  해설하는 사람
- **연설**(演공연할 연 說)
  여러 사람들 앞에서 자신의 의견을 말하는 것
- **연설문**(演說 文글월 문)
  연설 내용을 적은 글
- **연설가**(演說 家사람 가)
  연설하는 사람
  = 연사

하하, 상대방을 귀찮게 해서 내 말을 따르게 하는 것이 설득은 아니
죠. 설득(說得)은 말로 상대방이 깨닫도록 하는 것입니다. 설득을
잘하는 사람은 설득하는 힘, 즉 설득력이 있다고 하죠.
가장 설득력을 가져야 하는 글은 무엇일까요?
논설문이에요. 논설은 자신의 의견이나 주장을 논리적으로 조리
있게 말하는 것이에요. 논설문은 의견을 논리적으로 주장하는 글
이지요.

저건 논리적인 설득이 아니라, 감언이설이라고 해야겠는데요?
감언이설(甘言利說)은 듣는 사람에게 달콤하고 이롭게 들리는 말을
뜻해요. 상대방을 기분 좋게 만들려고 하는 말이지요.
설(說)로 다음 빈칸을 채워 낱말을 만들어 보세요.
말을 입 밖에 내는 것은 발☐,
힘주어 강하게 말하는 것은 역☐,
듣는 사람을 깔보고 욕되게 하는 말은 욕☐.
완성하고 나니 발설, 역설, 욕설이란 낱말이 되네요. 이 중 욕설은
되노록 하지 않는 게 좋겠지요?

說 이야기 설

■ **낭설**(浪터무니없을 낭 說)
터무니없는 이야기
■ **전설**(傳전할 전 說)
옛날부터 전해 오는 이야기
■ **소설**(小작을 소 說)
꾸며서 쓴 이야기
■ **어불성설**(語말 어 不아니 불 成이룰 성 說)
말이 조금도 사리에 맞지 않는 것
■ **횡설수설**
(橫가로 횡 說 竪세로 수 說)
가로로 말했다 세로로 말했다
앞뒤가 맞지 않게 말하는 것

사실일까요? 아니에요. 사람이 죽으면 머리카락과 손톱은 안 자라요. 토끼 군이 터무니없는 말을 하고 있군요. 이렇게 터무니없는 이야기를 낭설(浪說)이라고 합니다. 여기에서 설(說)은 '이야기'라는 뜻을 가지고 있어요.

이야기의 종류를 뜻하는 여러 낱말을 완성해 보세요.

옛날부터 전해 오는 이야기는 전□,

꾸며서 쓴 이야기는 소□.

다음 중 말이 조금도 사리에 맞지 않는 것을 무엇이라고 할까요? (   )

① 어불성설   ② 횡설수설   ③ 천동설

정답은 ①번 어불성설이에요.

비슷한 말로 횡설수설(橫說竪說)이란 말도 있어요. 가로로 말했다 세로로 말했다 전혀 앞뒤가 맞지 않게 이러쿵저러쿵 지껄이는 걸 뜻하죠.

🔔 **이런 말도 있어요**

선거철이면 입후보한 사람들이 유세를 합니다. 유세(遊說)는 돌아다니며 사람들의 마음을 달래며 표를 얻는 행위입니다. 이때 說은 '설'이 아니라 '세'라고 읽지요.

■ **유세**(遊돌아다닐 유 說달랠 세) 돌아다니며 사람들의 마음을 달래 표를 얻는 행위

'만약에' 하고, 여러분은 상상해 본 적이 있나요? 공룡이 지금도 산다는 건, 상상이니까 가짜입니다. 이렇게 가짜로 정해 본 생각을 가설(假說)이라

| 說 | 생각 설 |

- **가설**(假가짜 가 說)
  가짜로 정해 본 생각
- **천동설**
  (天하늘 천 動움직일 동 說)
  지구를 중심으로 하늘이 움직인다는 생각
- **지동설**(地땅 지 動說)
  지구가 태양 주위를 돌면서 움직인다는 생각
- **정설**(定정할 정 說)
  확정되어 결론이 난 생각
- **학설**(學학문 학 說)
  학문적 문제에 대해 주장하는 체계적인 생각

고 합니다. 새로운 사실을 연구하는 학자들이 많이 사용한답니다. 옛날 사람들은 지구를 중심으로 하늘 (천체)이 움직인다고 생각했어요. 이걸 천동설(天動說)이라고 해요. 그런데 코페르니쿠스는 하늘이 아니라 지구가 움직인다는 가설을 세웠어요.

이렇게 지구가 움직인다는 생각을 무엇이라고 할까요? (   )

① 지동설   ② 구동설   ③ 월동설

정답은 ①번이에요. 지금은 천동설이 아니라 지동설이 사실이라고 생각하죠? 그래서 지동설은 이제 정설(定說)이 되었답니다. 정설은 사람들이 사실로 확정한 생각이라는 뜻입니다.
천동설이나 지동설은 각각 학설이라고도 해요. 학설은 학자들이 학문적 문제에 대해 주장하는 체계적인 생각을 말합니다.

설명 해설 연설 설득 논설 발설
낭설 가설 학설 감언이설 횡설수설

說
말할 설

설명
설명문
설명서
해설
해설자
연설
연설문
연설가
연사
설득
설득력
논설
논설문
감언이설

① **공통으로 들어갈 한자를 따라 쓰세요.**

명 / 해 — 감 언 이 — 說 말할 설 — 어 불 성 — 득 / 발

② **어떤 낱말에 대한 설명인지 쓰세요.**

1) 여러 사람들 앞에서 자신의 의견을 말하는 것 ➡ ☐☐

2) 말로 상대방을 깨닫도록 하는 것 ➡ ☐☐

3) 터무니없는 이야기 ➡ ☐☐

4) 지구가 태양 주위를 돌면서 움직인다는 생각 ➡ ☐☐☐

5) 확정되어 결론이 난 생각 ➡ ☐☐

③ **알맞은 낱말을 찾아 문장을 완성하세요.**

1) 사마귀가 어떻게 생겼는지 나에게 ☐☐ 해 봐.

2) 화가 난다고 그렇게 험한 ☐☐ 을 하면 안 돼.

3) 주제에 대해 내 생각을 체계적으로 쓴 글을 ☐☐ 문이라고 해.

4) 이건 정말 비밀이라서 누구에게도 ☐☐ 하면 안 돼.

5) 우리 어머니는 이야기를 재미있게 꾸며서 쓰는 ☐☐ 가야.

4 문장에 어울리는 낱말을 골라 ○표 하세요.

1) 옛날에는 지구를 중심으로 하늘이 돈다는 (천동설 / 지동설)을 믿었어.

2) 무슨 말을 그렇게 두서없이 (횡설수설 / 감언이설)하는 거야.

3) 과학자들은 실험하기 전에 먼저 (가설 / 정설)을 세우곤 해.

4) 내 주장을 강하게 펼치기 위해 일부러 (역설 / 설명)적으로 말한 거야.

5 그림과 낱말을 알맞게 연결하세요.

1) 만약에 지금도 공룡이 살아 있다면 어떨까? • • 연 설

2) 팽그르~ 지구가 태양을 도는 거걸랑. • • 가 설

3) 제가 반장이 된다면… • • 지 동 설

발설
역설
욕설
낭설
전설
소설
어불성설
횡설수설
유세
가설
천동설
지동설
정설
학설

6 설명을 읽고, 알맞은 낱말을 연결하세요.

1) 의견을 논리적으로 주장하는 글 •   • 설명문

2) 설명하는 글 •   • 논설문

3) 연설 내용을 적은 글 •   • 설명서

4) 설명을 서어 놓은 문서 •   • 연설문

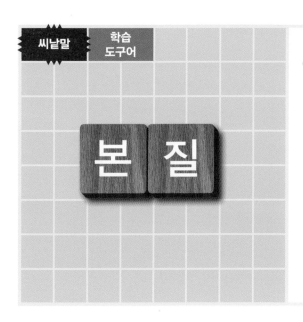

본질을 파악해!

나의 **본질**적인 모습은?

우리는 본질을 잘 파악하며 살아야 해요. 본질이란 '근본 본(本)'과 '바탕 질(質)'이 만난 말로, 본디부터 가지고 있는 사물 자체의 성질이나 모습인 본바탕이에요.

낱말 실력을 키우기 위해 낱말의 본질이 무엇인지 잘 파악해야 해요.

근본을 뜻하는 본(本)

본격적으로 본질을 파악하는 법에 대하여 알아볼까요?

본격적이란 목적을 향하여 어느 정도 적극적인 것을 말해요. 본질을 잘 파악하려면 사물의 처음인 본래를 생각해 보아야 해요. 사물의 본바탕이나 본질인 근본이 무엇인지 따져 보고, 본성도 잘 살펴보아야 하고요.

본성은 사람이나 사물의 본래 가지고 있는 성질이죠. "그 사람 본성은 나쁘지 않아."와 같은 표현으로 쓸 수 있어요.

본문은 본디 그대로의 글이라는 뜻이에요. '머리말, 본문, 맺음말'에서의 본문은 글에서 주가 되는 글이라는 뜻이고요.

본점은 본거지가 되는 가게, 본점에서 갈라져 나온 가게는 지점이에요.

本 근본 본	質 바탕 질

본디부터 가지고 있는 사물 자체의 성질이나 모습인 본바탕

■ **본격적**(本 格격식 격 的것 적)
목적을 향하여 어느 정도 적극적인 것

■ **본래**(本 來올 래)
사물의 처음

■ **근본**(根뿌리 근 本)
사물의 본바탕이나 본질

■ **본성**(本 性성질 성)
사람이나 사물의 본래 가지고 있는 성질

■ **본문**(本 文글 문)
본디 그대로의 글

■ **본점**(本 店가게 점)
본거지가 되는 가게

■ **지점**(支가를 지 店)
본점에서 갈라져 나온 가게

주가 되는 회사는 본사, 본사에서 갈려져 나온 회사는 지사예요.

바탕, 본질을 뜻하는 질(質)

종이컵은 종이, 유리컵은 유리, 지우개는 고무로 만들어요. 이때 종이, 유리, 고무를 물질이라고 해요.

물질이란 물체를 이루는 재료로, 물체의 본바탕이지요.

그럼 우리 주변을 채우고 있는 공기는요? 맞아요. 공기도 흙, 철 등과 같이 물질이랍니다.

이러한 물질들은 질량을 가지고 있어요. 질량이란 물질이 지닌 고유한 양을 말해요. 질량이 없으면 물질이라고 말하지 않아요.

물질에는 특별한 성질인 특질이 있어요. 유리는 투명하고, 고무는 물렁물렁하며, 플라스틱은 딱딱한 것이 특질이죠.

그런데 유리와 플라스틱에서 바탕이 같은 성질을 찾을 수 있어요. 둘 다 딱딱한 거죠. 이때 동질성이라는 말을 써요. 동질성이란 바탕이 같은 성질을 말해요.

사람에게 쓰이는 본질을 나타내는 낱말도 있어요.

특별히 과학에 대해 배우지 않았는데도 물질에 대하여 잘 알고 있다면 과학에 본래부터 가지고 있는 타고난 능력이나 기질인 소질이 있는 거예요. 어쩌면 과학자적 기질을 타고난 것인지도 몰라요. 기질이란 개인의 성격적 소질을 뜻한답니다.

■ **본사**(本본 社모일 사)
주가 되는 회사

■ **지사**(支가를 지 社)
본사에서 갈려져 나온 회사

■ **물질**(物물체 물 質)
물체를 이루는 재료 / 물체의 본바탕

■ **질량**(質 量양 량)
물질이 지닌 고유한 양

■ **특질**(特특별할 특 質)
특별한 성질

■ **동질성**(同같을 동 質性)
바탕이 같은 성질

■ **소질**(素본디 소 質)
본래부터 가지고 있는 타고난 능력이나 기질

■ **기질**(氣기운 기 質)
개인의 성격적 소질

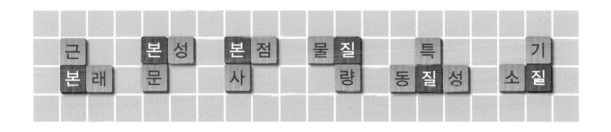

용돈을 전제로 심부름을 해 볼까?

전 제

밥 먹고 심부름 좀 다녀오렴.

네, 그런데 **전제** 조건이 있어요.

"엄마! 심부름하면 용돈 주셔야 해요."

심부름을 하기 전에 용돈을 달라고 미리 이야기하고 있네요. 바로 용돈을 전제한 거예요. 전제가 뭐냐고요? '앞 전(前)', '제시할 제(提)'를 써서 어떤 일을 이루기 위해 먼저 내세운다는 뜻으로 뭔가를 끌어내는 거예요.

어떤 일에 앞서 이루어져야 할 조건은 전제 조건이고요.

이전을 뜻하는 전(前)

전(前) 앞에 '일 사(事)'가 붙은 사전은 일을 시작하기 전, 일이 시작되기 전이라는 뜻이에요. 그림의 상황에서는 심부름하기 전이 바로 사전이 되지요.

사전이 앞이라면 사후는 뒤라는 의미를 담고 있어요. 심부름하고 난 다음이 사후가 되는 것이지요.

엄마께서 약속대로 용돈을 주실지 안 주실지 궁금하네요. 혹시 아빠께서 전후 이야기를 찬찬히 들으시고 엄마 몰래 용돈을 주실지도 몰라요.

전후는 앞뒤라는 뜻이에요.

前 앞 전	提 제시할 제

어떤 일을 이루기 위해 먼저, 내세우는 것

■ **전제 조건**(前提 條가지 조 件조건 건)
어떤 일에 앞서 이루어져야 할 조건

■ **사전**(事일 사 前)
일을 시작하기 전 / 일이 시작되기 전

■ **사후**(事 後뒤 후)
일이 끝난 뒤

■ **전후**(前後)
앞뒤

44

내세움을 뜻하는 제(提)

제(提)는 '내놓다, 나타내어 보이다'의 뜻으로 쓰여요.

제안은 생각이나 의견을 내놓는 것이에요. 제언도 비슷한 말이에요.

제의는 의견이나 의논할 것을 내놓는 것이지요.

제시는 의견을 말이나 글로 나타내는 것이에요.

제(提) 다음에 나오는 글자를 살펴보면 낱말의 뜻을 쉽게 알 수 있겠죠?

"지금 고속 도로에서 사고가 일어났다는 제보가 들어왔습니다."

뉴스에서 이런 말을 들어 본 적이 있을 거예요. 제보는 정보를 제공한다는 뜻이에요.

제보는 범죄 사건이나 교통사고 등에서 사건 해결의 실마리를 제공하는 것이라 매우 중요해요. 제공은 무엇을 주는 것이에요.

제보가 들어오면 수사는 활기를 띠어요. 수사관들은 제보가 정확한 것인지 확인하면서 의심스러운 부분에 대한 의견이나 문제를 제기하기도 하고, 그동안의 수사 결과를 보고서로 써서 제출하기도 하죠.

새로운 수사 방법을 처음 내놓아 주장하면서 제창하는 수사관도 있고, 의견을 내놓고 결정해 달라고 제청하는 수사관도 있을 거예요.

제청은 "국무총리의 제청으로 장관이 임명되었습니다."처럼 정치나 법과 관련된 말로도 많이 쓰여요.

소송을 제기한다는 뜻의 제소도 있네요.

- **제안**(提 案생각 안)
  생각이나 의견을 내놓는 것

- **제언**(提 言말씀 언)
  생각이나 의견을 내놓는 것

- **제의**(提 議의논할 의)
  의견이나 의논할 것을 내놓는 것

- **제시**(提 示보일 시)
  의견을 말이나 글로 나타내는 것

- **제보**(提 報알릴 보)
  정보를 제공하는 것

- **제공**(提 供줄 공)
  무엇을 주는 것

- **제기**(提 起일어날 기)
  의견이나 문제를 내는 것

- **제출**(提 出낼 출)
  글이나 의견 등을 내는 것

- **제창**(提 唱부를 창)
  어떤 일을 처음 내놓아 주장하는 것

- **제청**(提 請청할 청)
  의견을 내놓고 결정해 달라고 하는 것

- **제소**(提 訴호소할 소)
  소송을 제기하는 것

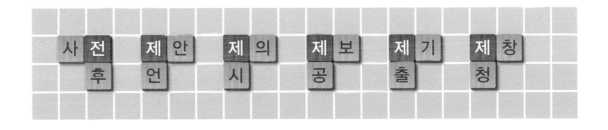

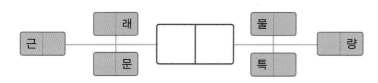

1 공통으로 들어갈 낱말을 쓰세요.

본질
본격적
본래
근본
본성
본문
본점
지점
본사
지사
물질
질량
특질
동질성
소질
기질

2 주어진 낱말을 넣어 문장을 완성하세요.

1) 근 / 본 래

사물의 본바탕이나 본질은 ☐☐, 사물의 처음은 ☐☐ 이다.

2) 본 성 / 점

사람이나 사물의 본래 가지고 있는 성질은 ☐☐, 본거지가 되는 가게는 ☐☐ 이다.

3) 물 질 / 량

물체를 이루는 재료는 ☐☐, 물질이 지닌 고유한 양은 ☐☐ 이다.

4) 특 / 동 질 성

바탕이 같은 성질은 ☐☐☐, 특별한 성질은 ☐☐ 이다.

3 문장에 어울리는 낱말을 골라 ○표 하세요.

1) 사람의 (본성 / 본점)은 속일 수가 없어.

2) 두 나라의 역사와 문화를 잘 살펴보면 (본격적 / 동질성)을 발견할 수 있어.

3) 공기, 흙, 철 등은 모두 (물질 / 특질)이야.

4) (질량 / 근본)이 있어야 물질이라고 말할 수 있어.

5) 그는 아무리 힘든 상황에서도 희망을 잃지 않는 낙천적인 (기질 / 소질)을 가지고 있어.

1 공통으로 들어갈 낱말을 쓰세요.

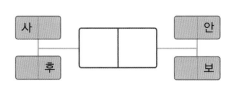

| 전제 |
| 전제 조건 |
| 사전 |
| 사후 |
| 전후 |
| 제안 |
| 제언 |
| 제의 |
| 제시 |
| 제보 |
| 제공 |
| 제기 |
| 제출 |
| 제창 |
| 제청 |
| 제소 |

2 주어진 낱말을 넣어 문장을 완성하세요.

1) 사 전
　 후
　　일을 시작하기 전은 ☐☐ , 앞뒤는 ☐☐ 이다.

2) 제 의
　 시
　　의견이나 의논할 것을 내놓는 것은 ☐☐ , 의견을 말이나 글로 나타내는 것은 ☐☐ 이다.

3) 제 공
　 보
　　무엇을 주는 것은 ☐☐ , 정보를 제공하는 것은 ☐☐ 이다.

4) 제 기
　 출
　　의견이나 문제를 내는 것은 ☐☐ , 글이나 의견 등을 내는 것은 ☐☐ 이다.

3 문장에 어울리는 낱말을 골라 ○표 하세요.

1) 경기가 끝난 뒤 선생님께 (사전 / 전후) 사정을 자세히 말씀드렸더니 이해해 주셨어.

2) 독서 모임을 갖자는 정호의 (제안 / 제소)에 대해 어떻게 생각해?

3) 어제 저녁에 강도 사건을 목격했다는 (제보 / 제공) 전화가 걸려 왔어.

4) 내일까지 이번 현장 학습 보고서를 (제출 / 제창)해 주세요.

5) 나는 회장의 (제청 / 제소)에 의하여 학급 임원으로 뽑혔어.

그렇게 생각하는 근거를 대 봐!

친구와 별일 아닌 일로 다투다가 말문이 막히면 그렇게 말하는 근거를 대라고 큰소리치는 친구가 있지요?

근거는 어떤 의견에 근본이 되는 것이에요. 왜 그렇게 생각하는지 그 까닭을 말하라는 것이지요. 근거란 말은 국어 시간에 많이 들어 봤을 거예요. 주장하는 글을 쓸 때 주장에 알맞은 근거를 꼭 써야 하니까요.

근본을 뜻하는 근(根)

뿌리는 식물의 맨 밑에 있으면서 물과 양분을 빨아올리고 식물이 쓰러지지 않게 잡아 주는 역할을 해요. 그래서 '뿌리 근(根)'이 중요한 낱말에 많이 쓰이나 봐요.

사물의 본질이나 본바탕을 뜻하는 말은 근본이에요.

'적'을 붙여 근본적 이유, 근본적 대책 등의 표현으로 쓰지요.

근본이나 원인은 근원이라고 해요.

화의 근원은 화근이지요. '화'는 불행한 일, 재앙을 뜻해요.

근본적인 성질은 근성이에요. 근성은 뿌리가 깊게 박힌 성질이란 뜻이죠.

根	據
뿌리 근	근거 거

어떤 의견에 근본이 되는 것

■ **근본**(根 本바탕 본)
사물의 본질이나 본바탕

■ **근본적**(根本 的것 적)
근본이 되는 것

■ **근원**(根 源근원 원)
근본이나 원인

■ **화근**(禍재앙 화 根)
화의 근원

■ **근성**(根 性성품 성)
근본적인 성질 / 뿌리가 깊게 박힌 성질

근간은 사물의 바탕이나 중심이 되는 것이에요.

아예 뿌리째 없애 끊어 버리는 것은 근절이라고 해요.

우리 주위에서 근절해야 할 것에는 무엇이 있을까요?

사치, 범죄, 부정부패, 가정 폭력, 집단 따돌림 등은 모두 근절되었으면 좋겠지요?

근거를 뜻하는 거(據)

이론이나 논리, 논설 등의 근거를 논거라고 해요.

어떤 사실에 의지한 근거는 의거예요. 특히 재판할 때 재판관이 "형법 ○조 ○항에 의거하여…."라고 말할 때 단골로 등장하는 말이지요.

사실을 증명할 수 있는 근거는 증거예요. 주장에 대한 근거를 대라고 하면 말로 하는 것이라 눈에 보이지 않지요? 하지만 증거는 물건을 내밀 수도 있어서 눈에 확실히 보이는 근거예요.

점거는 어떤 장소를 점령하여 자리 잡은 것이고, 거점은 어떤 일이나 활동의 근거가 되는 중요한 지점을 뜻해요. 일제 강점기 때 우리나라의 독립운동가들은 만주, 연해주 등을 거점으로 삼아 독립운동을 펼쳤어요.

거점은 근거지라는 말로 바꾸어 쓸 수 있어요. 근거지란 활동의 근거로 삼는 곳을 뜻해요. 혹시 친구들과 비밀리에 만나는 특별한 장소가 있다면 아지트라는 밀로도 쓸 수 있지요.

근간(根 幹줄기 간)
사물의 바탕이나 중심이 되는 것

근절(根 絶끊을 절)
뿌리째 없애 끊어 버리는 것

논거(論논할 논 據)
이론이나 논리, 논설 등의 근거

의거(依의지할 의 據)
어떤 사실에 의지한 근거

증거(證증거 증 據)
사실을 증명할 수 있는 근거

점거(占점령할 점 據)
어떤 장소를 점령하여 자리 잡은 것

거점(據 點점 점)
어떤 일이나 활동의 근거가 되는 중요한 지점

근거지(根據 地땅 지)
활동의 근거로 삼는 곳

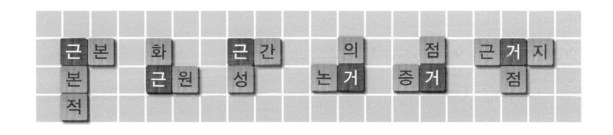

조건 없이 도와주세요

> 너무 감사드려요.

> 괜찮습니다. 이런 **조건**을 바라고 도와드린 게 아니에요.

동네에 어떤 사건이 일어났는데 법에 대해 전혀 모른다면, 법을 잘 아는 사람에게 도움을 청할 수 있을 거예요. 이때 그 사람이 돈이나 선물을 받지 않고 아무 조건 없이 도와준다면 참 좋겠지요.

조건이란 일을 이루는 데 갖춰야 할 것이라는 뜻이에요. 조건에 쓰인 '조항 조(條)'는 법과 관련된 낱말에서도 많이 볼 수 있답니다. 조건이 들어간 낱말들을 알아볼까요?

법과 관련된 조(條)

요즈음에는 이치에 맞지 않거나 도리에 어긋나는 부조리한 일들이 참 많지요? 사회적으로 문제를 일으키거나 많은 사람의 주목을 받는 큰 사건도 많고요.

어떤 사건에 대하여 알아보려면 그 사건과 관련된 법조문을 살펴보아야 해요. 법조문은 법률에서 조목조목 나누어 적은 조문이에요.

조문은 규정이나 법률, 명령 등에서 조목으로 나누어 적은 글, 조목은 하나하나의 조나 항목을 뜻해요.

조례도 살펴보아야 해요. 조례는 조목조목 적어 놓은 규칙인데, 지역의 법을 뜻하기도 해요.

條	件
조항 조	조건 건

일을 이루는 데 갖추어야 할 것

■ **사건**(事일 사 件사건 건)
일어난 일

■ **부조리**(不아닐 부 條 理이치 리)
이치에 맞지 않거나 도리에 어긋나는 일

■ **법조문**(法법 법 條 文글 문)
법률에서 조목조목 나누어 적은 조문

■ **조문**(條文)
규정이나 **법률**, 명령 등에서 조목으로 나누어 적은 글

■ **조목**(條 目항목 목)
하나하나의 조나 항목

■ **조례**(條 例법식 례)
조목조목 적어 놓은 규칙 / 지역의 법

사건과 관련된 법에 대하여 각각의 조목들을 조목조목 살펴보고 따져 보는 것이 중요해요.

각 낱말에 조(條)가 다 들어가 있죠? 여기에서 조는 헌법 등에서 '제1조'라고 말할 때의 '조'라고 생각하면 훨씬 쉽답니다.

법률 조항, 선거법 조항이라는 말에도 쓰여요. 조항은 조목이나 항목이라는 뜻이지요.

조목과 연결지어 생각할 수 있는 낱말에는 조약이 있어요. 조약은 조목을 세워서 맺은, 말로 한 약속이에요. 을사조약, 강화도 조약처럼 나라와 나라 사이에 맺은 약속이라는 뜻도 있지요.

조건, 사건, 물건의 뜻을 가진 건(件)

이번에는 건(件)이 들어간 낱말이 문장에서 어떤 의미로 쓰이는지 볼까요?

"좋은 기회가 왔는데 여건이 되지 않으면 어쩔 수 없어요."

여건이란 주어진 조건이라는 뜻이에요. 여건이 되지 않는데 어떤 일을 한다는 것은 힘든 일이지요.

"다른 용건이 없으면 저는 바빠서 이만 실례할게요."

용건이란 볼일을 말해요. 여기에서 '건'은 일, 사건이라는 뜻이에요.

"책상 위의 물건은 만지지 말아 주세요."

연필, 자, 가방 등 일정한 모양을 갖춘 것을 물건이라고 하지요?

- **조목조목**(條目條目)
  각각의 조목
- **조항**(條項 항목 항)
  조목이나 항목
- **조약**(條約 맺을 약)
  조목을 세워서 맺은, 말로 한 약속 / 나라와 나라 사이에 맺은 약속
- **여건**(與줄 여 件)
  주어진 조건
- **용건**(用쓸 용 件)
  볼일
- **물건**(物물건 물 件물건 건)
  일정한 모양을 갖춘 것

1 공통으로 들어갈 낱말을 쓰세요.

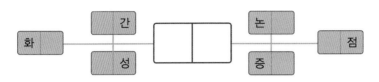

| 근거 |
| 근본 |
| 근본적 |
| 근원 |
| 화근 |
| 근성 |
| 근간 |
| 근절 |
| 논거 |
| 의거 |
| 증거 |
| 점거 |
| 거점 |
| 근거지 |

2 주어진 낱말을 넣어 문장을 완성하세요.

1) 화 / 근 본
사물의 본질이나 본바탕은 ☐☐, 화의 근원은 ☐ ☐이다.

2) 근 원 / 간
근본이나 원인은 ☐☐, 사물의 바탕이나 중심이 되는 것은 ☐☐이다.

3) 증 / 논 거
이론이나 논리, 논설 등의 근거는 ☐☐, 사실을 증명할 수 있는 근거는 ☐☐이다.

4) 점 / 의 거
어떤 장소를 점령하여 자리 잡은 것은 ☐☐, 어떤 사실에 의지한 근거는 ☐☐이다.

3 문장에 어울리는 낱말을 골라 ○표 하세요.

1) 그 소문의 (근원 / 화근)이 어디인지 꼭 찾아내겠어!

2) 저 선수는 이번 경기에서 꼭 이기고자 하는 승부 (근성 / 근본)이 정말 대단해.

3) 우리 주위에서 사치, 범죄, 부정부패, 가정 폭력, 집단 따돌림 등은 모두 (근절 / 근간)되어야 할 것들이야.

4) 독립운동가들은 만주, 연해주 등을 (점거 / 거점)(으)로 독립운동을 펼쳤어.

씨낱말 블록 맞추기

조 건

1 공통으로 들어갈 낱말을 쓰세요.

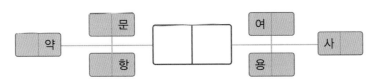

약 — 문 / 항 — □□ — 여 / 용 — 사

2 주어진 낱말을 넣어 문장을 완성하세요.

1)
부
법 조 문
리

이치에 맞지 않거나 도리에 어긋나는 일은 □□, 법률에서 조목조목 나누어 적은 조문은 □□ □□이다.

2)
조 목
문

하나하나의 조나 항목은 □□, 규정이나 법률, 명령 등에서 조목으로 나누어 적은 글은 □□이다.

3)
조 목 조 목
항

각각의 조목은 □□□□, 조목이나 항목은 □□이다.

4)
조 례
약

조목조목 적어 놓은 규칙은 □□, 조목을 세워서 맺은, 말로 한 약속은 □□이다.

3 문장에 어울리는 낱말을 골라 ○표 하세요.

1) 이 일은 법률의 (조문 / 조약)에 분명하게 드러나 있는 내용이지.

2) 그 후보가 한 일이 법을 어긴 것인지 선거법 (조항 / 조건)을 살펴보아야겠습니다.

3) 좋은 기회가 왔는데 (용건 / 여건)이 되지 않아 못 하신다니 안타깝네요.

4) 다른 (소건 / 용건)이 없으면 이만 실례하겠습니다.

조건

사건

부조리

법조문

조문

조목

조례

조목조목

조항

조약

여건

용건

물건

엄마께서 소풍 가자는 제안을 했을 때에 형은 반대를 했고, 동생은
찬성을 했죠? 반대는 '반대할 반(反)'이고, 찬성은 '응할 응(應)'이
에요. 그래서 어떤 상황이 주어졌을 때에 찬성이든 반대든 되돌아
오는 결과는 '반'과 '응'을 합쳐 반응이라고 해요.

되돌리거나 맞설 때에는 반(反)

반대의 정확한 뜻은 무엇일까요? 모양이나 위치가 뒤바뀐 걸 반대
라고 하지요? 행동이나 의견이 맞서는 것도 반대라고 해요.
반대도 여러 종류가 있어요.
말로 반대하는 것은 반론,
반대하는 감정은 반감,
반대하며 따지는 것은 반박이에요.
빛이 물체에 부딪쳐 반대로 돌아오는 것은 반사,
반대해서 대드는 것은 반항,
뒤에 오는 말이 앞의 내용과 상반됨을 나타내는 말은 반면이에요.
정부에 반대하는 것은 반정부, 전쟁에 반대하는 것은 반전이지요.
이렇게 반을 쓰면 반대에 관한 많은 낱말들을 만들 수 있겠죠?

反 반대할 반	應 응할 응

어떤 상황이 주어졌을 때에 찬성
이든 반대든 되돌아오는 결과

■ **반대**(反반대할 반 對맞설 대)
모양이나 위치가 뒤바뀐 것 /
행동이나 의견이 서로 맞서는
것

■ **반론**(反 論말할 론)

■ **반감**(反 感느낄 감)

■ **반박**(反 駁논박할 박)

■ **반사**(反 射쏠 사)

■ **반항**(反 抗겨룰 항)

■ **반면**(反 面얼굴 면)

■ **반정부**(反 政정사 정 府관청
부)

■ **반전**(反 戰전쟁 전)

답하고 참가하고 따르고 찬성할 때에는 응(應)

'응'은 물음이나 요구, 필요에 맞추어 대답하거나 행동하는 것을 말해요. 대체로 찬성하거나 협조적일 때에 쓰지요.

드라마나 영화에서 통신을 보낼 때에 "응답하라."라는 말을 들어보셨죠? 응답은 누가 부르거나 물을 때에 그것에 대해 응하여 답하는 것이에요.

응모는 사람이나 작품 같은 것을 뽑는 데 지원하거나 모집에 응하는 것이고요.

시험을 치는 것은 시험에 응한다 하여 응시,

이론, 기술, 지식들을 생활에 적용해 이용하는 것은 실제에 응해 사용한다 하여 응용,

남이 어떤 일을 잘 할 수 있도록 힘을 북돋워주는 것은 응해서 도움을 준다하여 응원,

위험한 상황에서 빠르게 처리하는 것은 급한 것에 응한다 하여 응급이라고 하지요.

'응'을 뒤로 가게 해서 낱말을 만들 수도 있어요. 빈칸을 채워 볼까요?

어떤 곳이나 일에 익숙해지는 것은 알맞게 응한다 하여 적[ ],

남이 바라는 일에 잘 따르며 응하는 것은 부[ ],

다른 사람의 부름에 응하는 것은 호[ ]!

어떤 일에 맞추어 태도나 행동을 하는 것은 대[ ]이라고 해요.

응답(應 答대답 답)
누가 부르거나 물을 때에 응하여 답하는 것

응모(應 募뽑을 모)
모집에 지원하거나 응하는 것

응시(應 試시험 시)
시험을 치는 것

응용(應 用쓸 용)
이론, 기술, 지식들을 생활에 적용해 이용하는 것

응원(應 援도울 원)
남이 어떤 일을 잘 할 수 있도록 힘을 북돋워 주는 것

응급(應 急급할 급)
위험한 상황에서 빠르게 처리하는 것

적응(適마땅할 적 應)
어떤 일에 익숙해지는 것

부응(副버금 부 應)
남이 바라는 일에 잘 따르며 응하는 것

호응(呼부를 호 應)
다른 사람의 부름에 응하는 것

대응(對대할 대 應)
어떤 일에 맞추어 태도나 행동을 하는 것

좋아하는 일에는 적극적

저요! 저요!

공부는 **소극적**이더니, 소풍은 **적극적**이구나.

어떤 일에 열심히 나설 때 '적극적'이라고 해요. 적극은 '쌓을 적(積)'과 '끝 극(極)'이 합쳐진 말이에요. 극(極)은 '극진하다', '다하다'라는 뜻도 있어서, 끝까지 극진하게 정성을 쌓는다는 뜻을 갖는답니다. 그러니 적극은 먼저 나서서 움직이고 행동하는 것이에요.

쌓여서 적(積), 사라져서 소(消)

축적은 '모을 축(蓄)'과 '쌓을 적(積)'이 합쳐진 말로 돈, 지식, 경험들을 모아서 쌓는 것을 말해요. 비슷한 말은 누적인데 차곡차곡 포개져 쌓인 것을 말하지요.

적립금 사용 기간이 지나 소멸되었습니다.

적립금으로 어버이날 선물 사려고 했는데 망했다. ㅠㅠ

저런…

요즘은 물건을 살 때마다 일정한 금액을 적립해 주는 곳이 많죠? 적립은 돈이나 점수 같은 것을 모아서 쌓는 것이에요.

이렇게 모아서 쌓인 돈은 적립금이에요. 통장에 정기적으로 쌓아 놓는 돈은 적금이고요.

착한 일을 많이 하는 것은 '선을 쌓는다'고 하여 적선이라고 하지요.

積 모을 적	極 끝 극

끝까지 쌓는 것 / 무언가를 할 때에 아주 열심히 나서는 것

- **축적**(蓄 쌓을 축 積 쌓을 적)
  돈, 지식, 경험들을 모아서 쌓는 것
- **누적**(累 여러 누 積)
  차곡차곡 포개져 쌓인 것
- **적립**(積 효 설 립)
  돈이나 점수 같은 것을 모아서 쌓는 것
- **적립금**(積 효 金 돈 금)
  모아서 쌓인 돈
- **적금**(積 金)
  통장에 정기적으로 쌓아 놓는 돈
- **적선**(積 善 착할 선)
  착한 일을 많이 하는 것

그럼 적과 반대로 사라진다는 뜻을 가진 소(消)가 들어간 낱말을 알아볼까요?

적극과 반대되는 말은 소극이에요. 끝까지 사라졌다는 말로 어떤 일에 선뜻 나서지 않을 때에 쓰는 말이죠.

사라져서 없어진다는 것은 소멸,

열, 약들로 병균을 죽여 없애는 일은 소독,

돈, 물건, 시간들을 써서 없애는 일은 소비라고 해요.

점점 줄어 다 없어지거나, 다 써서 없애는 것을 소진,

곤란한 형편이나 어려운 문제를 풀어서 사라지게 하는 것을 해소라고 해요. 스트레스를 해소한다는 말을 많이 쓰지요?

끝이라는 뜻을 가진 극(極)

극(極)은 '끝'이라는 뜻을 가지고 있어요. 다른 글자와 만나 '끝까지 가다', '치우치다'라는 뜻으로 쓰이지요.

생각이나 행동이 몹시 치우치거나 끝까지 가는 것은 □단,

몹시 심한 것은 □심,

아주 많이 칭찬하는 것은 □찬이에요.

극한은 더 나아갈 수 없는 가장 끝 단계를 말해요. 극한 상황, 극한 공포처럼 쓰이죠.

극치는 더 나아갈 수 없는 가장 높은 수준을 말해요. 주로 예술이나 학문이 최고에 이르렀다는 말에 쓰이죠.

이처럼 '극'은 어떤 것이 끝까지 가서 심한 상태를 나타낼 때 주로 써요.

소극(消 사라질 소 極)
어떤 일에 선뜻 나서지 않는 것

소멸(消 滅 꺼질 멸)
사라져서 없어진다는 것

소독(消 毒 독 독)
열, 약들로 병균을 죽여 없애는 일

소비(消 費 쓸 비)
돈, 물건, 시간들을 써서 없애는 일

소진(消 盡 다할 진)
점점 줄어 다 없어지거나, 다 써서 없애는 것

해소(解 풀 해 消)
곤란한 형편이나 어려운 문제를 풀어서 사라지게 하는 것

극단(極 端 끝 단)
생각이나 행동이 몹시 치우치거나 끝까지 가는 것

극심(極 甚 심할 심)
몹시 심한 것

극찬(極 讚 기릴 찬)
아주 많이 칭찬하는 것

극한(極 限 한할 한)
더 나아갈 수 없는 가장 끝 단계

극치(極 致 이를 치)
더 나아갈 수 없는 가장 높은 수준

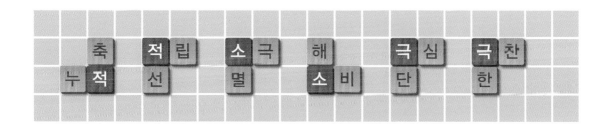

1 공통으로 들어갈 낱말을 쓰세요.

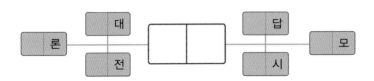

반응
반대
반론
반감
반박
반사
반항
반면
반정부
반전
응답
응모
응시
응용
응원
응급
적응
부응
호응
대응

2 주어진 낱말을 넣어 문장을 완성하세요.

1) 반 박
   항

   반대하며 따지는 것은 ▢▢, 반대하여 대드는 것은 ▢▢이다.

2) 반 감
   사

   반대하는 감정은 ▢▢, 빛이 물체에 부딪쳐 반대로 되돌아오는 것은 ▢▢이다.

3) 응 용
   원

   원리를 알았으면 ▢▢ 문제에 도전해 보자.
   선수에게는 관중의 ▢▢이 필요해.

3 문장에 어울리는 낱말을 골라 ○표 하세요.

1) 서울의 인구는 많은 (반면 / 반전), 지방의 인구는 줄고 있어.

2) 그는 전쟁에 반대하는 (반전 / 반정부) 운동에 평생을 바친 평화주의자야.

3) 건물이 무너진 사고로 근처 병원에 (응원 / 응급) 환자들이 넘쳐 났어.

4) 공무원 시험에 (응답 / 응시)하기 위해 시험장에 가는 중이야.

5) 토론 대회에서 지수가 갑자기 (반론 / 반항)을 제시하는 바람에 무척 당황했어.

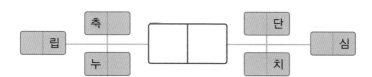

씨낱말
블록 맞추기

적 극

1 공통으로 들어갈 낱말을 쓰세요.

적극
축적
누적
적립
적립금
적금
적선
소극
소멸
소독
소비
소진
해소
극단
극심
극찬
극한
극치

립 — 축 / 누 — [ ][ ] — 단 / 치 — 심

2 주어진 낱말을 넣어 문장을 완성하세요.

1) 적 / 소 극

어떤 일에 열심히 나서는 사람은 [ ][ ]적인 사람, 어떤 일에 선뜻 나서지 않는 사람은 [ ][ ]적인 사람이야.

2) 해 소 / 멸

노래를 부르고 나니 스트레스가 [ ][ ]되었다.
월말까지 적립금을 쓰지 않으면 [ ][ ]된다.

3) 극 한 / 치

그는 전쟁이라는 [ ][ ]의 상황을 이기고 조각 예술의 [ ][ ]라 할 수 있는 작품들을 남겼다.

4) 적 금 / 선

통장에 정기적으로 쌓아 놓는 돈은 [ ][ ]이고,
착한 일을 많이 하는 것은 [ ][ ]이다.

3 문장에 어울리는 낱말을 골라 ○표 하세요.

1) 경기가 나빠지면서 백화점에서 (소득 / 소비)하는 사람도 줄었대.

2) 마라톤 경기에서 힘을 미리 다 (소진 / 적극)하면 끝까지 가기 힘들어.

3) 마트에서 물건을 살 때마다 쌓인 (적립금 / 적금)은 선물로 교환할 수 있어.

4) ㄱ 음시점은 백 년 동안 (적립 / 축적)된 비법을 가지고 있대.

인류가 지나온 과정, 역사

역사라는 말을 알지요? '지날 역(歷)'과 '역사 사(史)'가 합쳐진 말이에요. 사물이 지나온 과정도 역사라고 하지만, 주로 나라와 민족, 한 사회가 생겨나 오늘에 이르기까지 변하고 겪어 온 과정을 역사라고 해요. 앞에 쓰이는 력(歷)은 '역'으로 바뀌어 '역사'라고 읽어요.

역사와 관련된 말들

역(歷)과 사(史)는 모두 역사와 관련된 말이에요.
둘을 붙여 쓰기도 하고 사(史)만 붙이기도 해요.
역사를 보는 태도는 역사관이라고 하지요.
역사에 있던 일을 바탕으로 만든 드라마나 영화는 역사극이에요.
역사를 연구하는 학문은 역사학이에요.
그럼 우리나라 역사는 뭘까요? 맞아요! 국사라고 해요.
한 나라의 역사는 '나라 국(國)'을 써서 국사라고 부르지요.
정확한 사실의 역사는 정사, 백성들 사이에서 전해 내려온 정식 역사가 아닌 역사는 야사.
역사를 적은 책은 사기라고 하고요. 대표적인 역사책으로 고려 충렬왕 때에 승려 일연이 쓴 역사책인 삼국유사와 고려 인종 때에 김

歷	史
지날 역	역사 사

나라와 민족, 한 사회가 생겨나 오늘에 이르기까지 변하고 겪어온 과정

- **역사관**(歷史 觀볼 관)
- **역사극**(歷史 劇연극 극)
- **역사학**(歷史 學학문 학)
- **국사**(國나라 국 史)
- **정사**(正바를 정 史)
  정확한 사실의 역사
- **야사**(野민간 야 史)
  백성들 사이에서 전해 내려온 정식 역사가 아닌 역사
- **사기**(史 記 기록할 기)
  역사를 적은 책
- **삼국유사**(三석 삼 國 遺남길 유 事일 사)
  고려 충렬왕 때에 승려 일연이 쓴 역사책

부식이 쓴 역사책인 삼국사기가 있지요.

지나온 과정, 역대와 내력!

력(歷)은 지나온 역사와 관련이
있어요.
시상식에서 "역대
수상자들 중에서
가장 뛰어나다."

라는 말을 들어보았나요?

역대는 이어져 내려온 지난 순서예요.

이제 력(歷)이 들어간 낱말을 살펴볼까요?

먼저 내□, 내력은 겪어 온 과정, 지금처럼 된 까닭을 말해요.

이□은 지금까지 겪어 온 내력을 말해요. 직장을 구할 때 이력을
적은 글인 이□서를 내죠? 이력서에는 주로 그 직업과 관련된 경
□을 써요. 경력은 한 개인이 경험한 것의 역사로 겪어 온 여러 가
지 지난 일들을 말해요.

한 사람이 살아오면서 한 일 가운데 중요한 것만 간략하게 적은 이
력은 약□이에요.

특히 책을 구입할 때 작가의 약력을 살펴보게 되는데요. 약력에는
학교를 다닌 경력인 학□도 써요. 이곳저곳을 두루 돌아다니며 여
러 가지 경험을 한 내력은, '두루 편(遍)'을 써서 편력이라고 하지요.
이 모든 것은 작가의 과거의 경력, 즉 전력을 말해 주기 때문이에요.

삼국사기(三國史記)
고려 인종 때에 김부식이 쓴 역
사책

역대(歷 代순서 대)
이어져 내려온 지난 순서

내력(來올 래 歷)
겪어온 과정, 지금처럼 된 까닭

이력(履밟을 리 歷)
지금까지 겪어 온 내력

이력서(履歷 書글 서)
이력을 적은 글

경력(經경험 경 歷)
한 개인이 경험한 것의 역사

약력(略간략할 약 歷)
한 사람이 살아오면서 한 일 가
운데 중요한 것만 간략하게 적
은 이력

학력(學배울 학 歷)
학교를 다닌 경력

편력(遍두루 편 歷)
이곳저곳을 두루 돌아다니며
여러 가지 경험을 한 내력

전력(前앞 전 歷)
과거의 경력

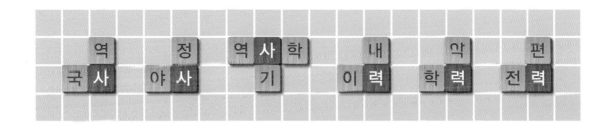

생각하고
또 생각하는 사고

사고는 '생각할 사(思)'와 '생각할 고(考)'로 이루어진 낱말이에요. 즉 '생각'이라는 말이지요. '생각할 고(考)'와 '생각할 려(慮)'로 이루진 고려도 생각하고 헤아려 본다는 말이에요. 아빠께서 용돈 올리는 것을 생각하고 헤아려 본다고 하시네요. 과연 용돈이 오를까요?

생각을 나타내는 사(思)와 고(考)

사고가 생각이라는 말이니까 사고력은 생각하는 힘이에요.

예술품이나 책에는 작가의 사상이 들어 있어요. 사상은 사물에 대하여 가지고 있는 구체적인 사고나 생각을 말하거든요.

모든 사람이 평등하다는 사상은 평등사상, 어른을 공경해야 한다는 사상은 경로사상이에요.

의사는 '뜻 의(意)'와 '생각 사(思)'가 합쳐져 뜻과 생각을 말하고, 의사가 잘 통하는 것이 의사소통이에요.

고(考)가 들어가는 낱말들을 볼까요?

어떤 일이나 문제를 다시 생각하는 것은 두 번 생각한다 하여 재고, 곰곰이 깊이 생각하는 것은 숙고예요.

생각할 때 도움이 될 만한 재료로 삼는 것은 참고, 참고로 보는 책

思	考
생각할 사	생각할 고
생각하고 궁리하는 것	

■ **고려**(考 慮생각할 려)
생각하고 헤아리는 것

■ **사고력**(思考 力힘 력)
생각하는 힘

■ **사상**(思생각 사 想생각 상)
구체적인 사고나 생각

■ **평등사상**
(平평평할 평 等같을 등 思想)

■ **경로사상**
(敬공경할 경 老늙을 로 思想)

■ **의사**(意뜻 의 思)
뜻과 생각

■ **의사소통**
(意思 疏트일 소 通 통할 통)

■ **재고**(再두 재 考)

■ **숙고**(熟익을 숙 考)

은 참고서이지요.

☐안은 곰곰이 생각하여 새로운 방법이나 물건을 생각해 내는 것,

☐찰은 어떤 것을 깊이 생각하고 연구하는 것,

☐증은 옛 책이나 유물을 살펴서 증명하는 것이지요.

고증을 통해 유물과 유적을 찾아내고 관찰하여 연구하는 학문은 ☐

고학이에요.

공무원 시험과 같이 어떤 자격을 결정하는 시험을 시험의 성적을 생

각해서 등수를 정한다고 ☐시라고 해요.

생각하고 근심하는 려(慮)

려(慮)에는 '근심하다'라는 뜻도 있어요.

우려는 '근심 우(憂)'와 '생각할 려(慮)'가 합쳐진 말로 근심하거나

걱정하는 것을 뜻해요.

앞일에 대하여 여러 가지 마음을 써서 걱정하는 것은 염려,

마음속으로 걱정하는 것은 심
려예요. 배려라는 말도 있지
요? 배려의 배는 '아내 배(配)'
로 아내처럼 걱정한다는 의미
가 들어 있어요. 그래서 배려
는 도와주거나 보살펴 주려고
마음을 쓴다는 말이에요. '려'에
보살피고 헤아린다는 의미도
들어 있거든요.

사고력이 중요하다니 **사고력** 학원에 등록하자.

사고력은 스스로 생각하는 힘인데 학원에서 길러질까요? 심히 **우려**가 됩니다.

■ **참고**(參참고할 참 考)
생각할 때 도움이 될 만한 재료
로 삼는 것

■ **참고서**(參考 書글 서)
참고로 보는 책

■ **고안**(考 案생각 안)
새로운 방법이나 물건을 생각
해 내는 것

■ **고찰**(考 察살필 찰)
어떤 것을 깊이 생각하고 연구
하는 것

■ **고증**(考 證증거 증)
옛 책이나 유물을 살펴서 증명
하는 것

■ **고고학**(考 古옛고 學배울 학)
유물과 유적을 찾아내고 관찰
하여 연구하는 학문

■ **고시**(考 試시험할 시)
어떤 자격을 결정하는 시험

■ **우려**(憂근심 우 慮근심할 려)
근심하거나 걱정하는 것

■ **염려**(念생각 염 慮)
앞일에 대하여 여러 가지 마음
을 써서 걱정하는 것

■ **심려**(心마음 심 慮)
마음속으로 걱정하는 것

■ **배려**(配아내 배 慮)
도와주려고 마음을 쓰는 것

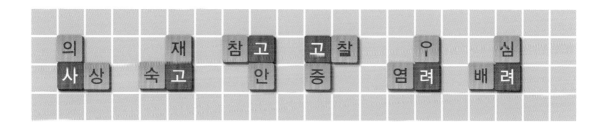

| 의 | | 재 | 참 고 | 고 찰 | 우 | 심 |
| 사 상 | 숙 고 | | 안 | 중 | 염 려 | 배 려 |

씨낱말
블록 맞추기

역 사

1 공통으로 들어갈 낱말을 쓰세요.

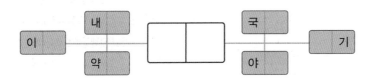

역사
역사관
역사극
역사학
국사
정사
야사
사기
삼국유사
삼국사기
역대
내력
이력
이력서
경력
약력
학력
편력
전력

2 주어진 낱말을 넣어 문장을 완성하세요.

1) 국 / 사 기

우리나라의 역사는 ☐☐이고, 이런 역사를 적은 책은 ☐☐야.

2) 정 / 야 사

정확한 사실의 역사는 ☐☐이고, 정식 역사가 아닌 역사는 ☐☐이다.

3) 경 / 학 력

이력서에는 이제껏 경험한 ☐☐도 쓰고, 어느 학교를 다녔는지 ☐☐도 써야 해.

3 문장에 어울리는 낱말을 골라 ◯표 하세요.

1) 누나는 취직을 하기 위해 회사에 (이력서 / 학력)을(를) 냈어.

2) 일연이 삼국 시대에 있었던 사실을 기록한 책은 (삼국사기 / 삼국유사)야.

3) 그가 중요한 용의자로 지목된 것은 범죄를 저지른 (전력 / 역대) 때문이야.

4 다음 중 '역(력)'이 다른 뜻으로 쓰인 것을 고르세요. ( )

① 역대   ② 중력   ③ 내력

④ 약력   ⑤ 경력

씨낱말
블록 맞추기

사 고 려

1 공통으로 들어갈 낱말을 쓰세요.

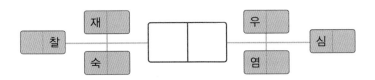

찰 — 재 / 숙 ─ □□ ─ 우 / 염 — 심

사고
고려
사고력
사상
평등사상
경로사상
의사
의사소통
재고
숙고
참고
참고서
고안
고찰
고증
고고학
고시
우려
염려
심려
배려

2 주어진 낱말을 넣어 문장을 완성하세요.

1) | 사 | 고 |
   | | 려 |

초등학생은 돈 쓸 데가 없다는 □□의 틀을 버리세요.
용돈 올려 주는 것을 □□해 보마.

2) | | 숙 |
   | 재 | 고 |

곰곰이 깊이 생각하는 것은 □□, 다시 생각하는 것
은 □□야.

3) | 고 | 찰 |
   | 안 | |

그는 여러 이론을 □□해서 논문을 썼어. 바로 이게
그가 □□한 윌체어야.

3 문장에 어울리는 낱말을 골라 ○표 하세요.

1) 고증을 통해 유물과 유적을 찾아내고 관찰하여 연구하는 것을 (고고학 / 참
고서)(이)라고 해.

2) 어른을 공경해야 한다는 사상은 (평등 사상 / 경로사상)이야.

3) 제가 아픈 일로 (심려 / 배려)를 끼쳐서 죄송합니다.

4 짝 지은 낱말의 관계가 [보기]와 같은 것을 고르세요. (   )

| 보기 | 사상 – 평등사상 |

① 고시 – 행정 고등 고시   ② 고찰 – 고시   ③ 심려 – 배려
④ 고안 – 재고   ⑤ 사고 – 고려

낮아서 슬픈, 비천한 천인

비 천

아버지, 제 어머니가 **비천**한 **천인**이란 이유로 과거 시험도 볼 수 없다니, 이제 저는 세상에 나가 이들을 위해 싸울 것입니다.

홍길동의 아버지는 양반이고, 홍길동의 어머니는 비천한 신분의 종이었어요. 비천하다는 '낮을 비(卑)', '천할 천(賤)'을 써서 신분이나 지위가 낮고 천한 것을 말해요. 그래서 비(卑)나 천(賤)이 들어간 낱말은 주로 품격이 떨어진다는 뜻이 담겨 있답니다.

비(卑)가 들어가서 기분 나쁜 낱말

비(卑)는 낮다는 뜻이어서 사람을 낮추어 말할 때에 쓰여요.

> 비굴하다 용기나 줏대가 없이 남에게 굽히기 쉽다
> 비열하다 사람의 하는 짓이 떳떳하지 못하다
> 야비하다 성질이나 행동이 수준이 낮고 천하다

비(卑)가 들어간 말을 몇 가지 더 살펴볼까요?
"친구가 괴롭힘을 당할 때에 그냥 지나치는 것은 비겁한 행동이야."
처럼 비열하고 겁이 많을 때에 비겁하다라는 말을 써요.
"그 사람은 점잖아서 비루한 행동은 안 해."처럼 행동이나 성질이 하찮고 인색할 때에는 비루하다라는 말을 써요.
또 "난 머리가 왜 이렇게 나쁘지?"처럼 자기 자신을 낮추는 것을 비

卑 낮을 비 **賤** 천할 천 **하다**

신분이나 지위가 낮고 천하다

- **비굴**(卑 屈굽힐 굴)**하다**
  용기나 줏대가 없이 남에게 굽히기 쉽다
- **비열**(卑 劣못할 열)**하다**
  사람의 하는 짓이 떳떳하지 못하다
- **야비**(野들 야 卑)**하다**
  성질이나 행동이 수준이 낮고 천하다
- **비겁**(卑 怯겁낼 겁)**하다**
  비열하고 겁이 많다
- **비루**(卑 陋좁을 루)**하다**
  행동이나 성질이 하찮고 인색하다
- **비하**(卑 下아래 하)
  자기 자신을 낮추는 것, 업신여겨 낮추는 것

66

하라고 해요. 다른 사람을 업신여겨 낮출 때에도 비하를 써요. 옛날에는 남존여비라는 말이 있었어요. 남자는 높고 여자는 낮다는 뜻이에요. 하지만 요즘은 여자의 지위가 높아져서 이런 말은 통하지 않죠?

천(賤)이 들어가서 하찮게 여겨지는 낱말

천하다란 말은 행동, 모습, 태도가 점잖지 못하고 상스럽거나, 신분이나 지위가 낮다는 뜻이에요. 그래서 천한 신분을 말할 때에는 주로 '천할 천(賤)'을 써서 나타냈어요.

"조선 시대에는 부모가 천출이면 자식도 부모를 따라 천인이 되던 시절이 있었다."

엄격한 신분 제도가 있었던 조선 시대에 신분이 가장 낮은 사람을 천인이라고 불렀어요. 천민이라고도 했지요.

홍길동의 어머니처럼 대대로 종이었던 사람들은 천한 출신이라는 뜻의 천출이라고 부르며 아주 하찮게 여겼어요.

이처럼 아주 하찮게 여겨서 천하게 보는 것은 천시, 함부로 천하게 대하거나 푸대접하는 것은 천대예요. 이렇게 천대받는 사람이나 물건은 천덕꾸러기, 신분이나 지위가 하찮고 천한 건 미천하다고 하지요.

옛날에는 이렇게 신분의 차이로 슬픈 일들이 있었지만, 지금은 다릅니다. 사람은 누구나 귀함과 천함, 즉 귀천이 없이 모두 다 소중하다는 것을 기억하세요.

아, 시험 좀 못 봤다고 집에서도 **천대…** **천덕꾸러기** 신세구나.

■ **남존여비**(男 남자 남 尊 높을 존 女 여자 여 卑)
남자는 높고 여자는 낮다는 생각

■ **천(賤)하다**
행동, 모습, 태도가 점잖지 못하고 상스럽거나, 신분이나 지위가 낮다

■ **천인**(賤 人 사람 인)
신분이 가장 낮은 사람

■ **천민**(賤 民 백성 민)
천한 백성

■ **천출**(賤 出 날 출)
천한 출신

■ **천시**(賤 視 볼 시)
아주 하찮게 여겨 천하게 보는 것

■ **천대**(賤 待 기다릴 대)
함부로 천하게 대하거나 푸대접하는 것

■ **천덕꾸러기**
천대받는 사람이나 물건

■ **미천**(微 작을 미 賤)
지위나 신분이 낮거나 하찮은 것

■ **귀천**(貴 귀할 귀 賤)
귀함과 천한 것

비	굴	하	다		천	인		미	천		천	민		귀		
열	하				출				대		시			천	덕	꾸	러	기
하															
디															

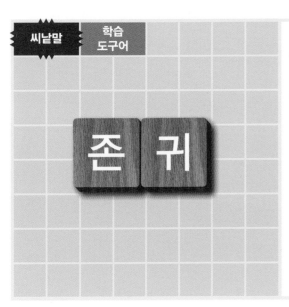

작은 풀꽃의 생명도 존귀해

예쁘다.

모든 생명은 **존귀**하니 꺾지 말아 줘!

아이가 길가에 핀 풀꽃이 예뻐서 꺾으려고 했더니, 작은 풀꽃이 모든 생명은 존귀하니 꺾지 말라고 하네요. 모든 생명은 존중받아야 한다는 뜻이에요. 존귀라는 말은 지위나 신분이 높고 귀하다는 뜻이랍니다.

이처럼 '높을 존(尊)'에는 누군가를 높인다는 뜻이 담겨 있고, '귀할 귀(貴)'에는 귀하다는 뜻이 담겨 있답니다.

존(尊)과 귀(貴)가 들어간 여러 말을 알아볼까요?

높인다는 뜻의 존(尊)

여러분이 존경하는 사람은 누구인가요? 세종 대왕? 이순신 장군? 존경이라는 말은 다른 사람의 됨됨이나 생각, 행동 등을 받들어 공경한다는 뜻이에요. 존경의 대상이 꼭 위인만은 아니에요. 여러분의 부모님, 선생님이야말로 가장 존경해야 할 분이죠.

존경의 뜻이 담겨 있는 말 중에 존대가 있는데, 존경하여 받들어 대접하거나 대한다는 뜻이에요.

여러분은 친구들과 대화할 때에 친구들의 의견을 존중하나요? 존중이란 다른 사람을 높여 귀중하게 대하는 것이에요.

尊 높을 존	貴 귀할 귀

지위나 신분이 높고 귀한 것

■ **존경**(尊 敬공경할 경)
다른 사람의 됨됨이나 생각, 행동 등을 받들어 공경하는 것

■ **존대**(尊 待대할 대)
존경하여 받들어 대접하거나 대하는 것

■ **존중**(尊 重중요할 중)
다른 사람을 높여 귀중하게 대하는 것

텔레비전 역사 드라마에서 나이 많은 하인이 나이 어린 주인댁 도련님에게 높임말을 하는 것을 본 적이 있을 거예요. 이처럼 신분 사회에서는 나이와 상관없이 신분에 따라 다른 대접을 받았어요. 그래서 나이가 많은 하인은 자존심이 상하는 일도 많았을 거예요. 자존심이란 우리가 남에게 굽히지 않고 스스로의 품위를 지키고자 하는 마음으로, 자기를 높이는 마음이라는 뜻이에요.

귀하다는 뜻의 귀(貴)

중국에서 사는 귀여운 곰인 판다는 전 세계에 2,000마리 정도만 남아 있는 멸종 위기 동물이에요. 판다처럼 그 수가 적어 좀처럼 보기 힘든 동물을 희귀 동물이라고 하지요. 희귀란 말은 그 수가 매우 적어 드물고 귀하다는 뜻으로, 비슷한 말로 진귀가 있어요.

우린 귀한 동물. 오래 살아야 해!

엄마, 우린 진귀해?

그럼 '귀'가 들어간 다른 낱말은 어떤 것들이 있을까요?
편지를 쓸 때나 서류 등에 쓰는, 상대방을 높여 부르는 말이라는 뜻의 □하,
귀한 손님이라는 뜻의 □빈, 재산이 많고 지위가 높다는 뜻의 부□, 높고 귀하다는 뜻의 고□, 귀하고 중요하다는 뜻의 □중, 귀하고 중요한 물건인 □중품, 귀한 집 아들인 □공자,
이처럼 귀(貴)에는 귀하고 소중하다는 의미가 담겨 있어요.

자존심
(自자기 자 尊높일 존 心마음 심)
자기를 높이는 마음

희귀(稀드물 희 貴)
그 수가 매우 적어 드물고 귀한 것

희귀 동물
(稀貴 動움직일 동 物만물 물)
수가 적어 보기 힘든 동물

진귀(珍보배 진 貴)
보배롭고 귀한 것

귀하(貴 下아래 하)
상대방을 높여 부르는 말

귀빈(貴 賓손님 빈)
귀한 손님

부귀(富부유할 부 貴)
재산이 많고 지위가 높은 것

고귀(高높을 고 貴)
높고 귀한 것

귀중(貴重)
귀하고 중요한 것

귀중품(貴重 品물건 품)
귀하고 중요한 물건

귀공자
(貴 公공변될 공 子아들 자)
귀한 집 아들

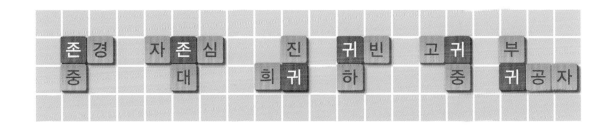

존경
중
자존심
대
진
희귀
귀빈
하
고귀
중
부
귀공자

씨낱말 블록 맞추기 비 천

1 공통으로 들어갈 낱말을 쓰세요.

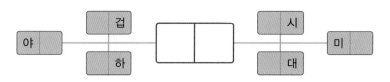

야 — 겁 / 하 — ☐☐ — 시 / 대 — 미 ☐

비천하다
비굴하다
비열하다
야비하다
비겁하다
비루하다
비하
남존여비
천하다
천인
천민
천출
천시
천대
천덕꾸러기
미천
귀천

2 주어진 낱말을 넣어 문장을 완성하세요.

1) 비 천 / 인
홍길동의 어머니는 노비로 아주 ☐☐ 한 신분이었죠. 그때는 자식도 부모를 따라 ☐☐ 이 되던 시대였어요.

2) 비 루 / 하
그는 가난한 화가였지만 ☐☐ 하지 않고 늘 당당했고, 스스로를 못난 사람이라 ☐☐ 하지 않았습니다.

3) 귀 / 미 천
아무리 ☐☐ 한 직업이라도 저마다 쓸모가 있다. 직업에는 ☐☐ 이 없는 것이다.

4) 천 시 / 대
천하게 보는 것은 ☐☐ , 천하게 대하는 것은 ☐☐ 입니다.

3 문장에 어울리는 낱말을 골라 ○표 하세요.

1) 조선 시대에는 한 번 천한 출신, 즉 (천출 / 비천)(으)로 태어나면 사람대접을 받기 힘들었어.

2) 윤봉길 선생은 사형을 당하는 순간까지도 일본군 앞에서 (비굴 / 비열) 하지 않았습니다.

3) 혼날 것 같아서 거짓말을 하는 것은 (비겁 / 비하)한 행동이야.

1 공통으로 들어갈 낱말을 쓰세요.

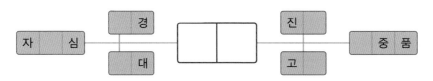

| 자 | 심 | | 경 | | | | | 진 | | | | 중 | 품 |
| | | | 대 | | | | | 고 | | | | | |

2 주어진 낱말을 넣어 문장을 완성하세요.

1) 희 귀 / 중

멸종 위기에 있는 ☐☐ 한 야생 동물은 ☐☐ 히 여기고 보호해야 해.

2) 자 존 심 / 중

다른 사람의 ☐☐☐ 을 상하게 하지 않도록 서로 ☐☐ 하는 태도를 갖자.

3) 귀 공 자 / 빈

오늘 오시는 손님은 ☐☐ 이시니까 행동을 조심하도록 해. 너도 우리집의 ☐☐☐ 다운 태도를 보이렴.

3 문장에 어울리는 낱말을 골라 ○표 하세요.

1) 이건 그야말로 (진귀 / 존경)한 물건이구나!

2) (존경 / 귀하)하는 선생님, 오늘은 날씨가 참 좋습니다.

3) 저기 판다를 좀 봐! 이제는 (희귀 동물 / 귀공자)이(가) 되었어.

4 낱말과 그 뜻이 **잘못** 짝 지어진 것을 고르세요. ( )

① 자존심 – 자기를 높이는 마음
② 귀빈 – 귀한 손님
③ 존중 – 귀하고 중요한 것
④ 부귀 – 재산이 많고 지위가 높은 것
⑤ 고귀–높고 귀한 것

존귀
존경
존대
존중
자존심
희귀
희귀 동물
진귀
귀하
귀빈
부귀
고기
귀중
귀중품
귀공자

	1)					9)			
2)		3)				10)	11)		
4)							12)	13)	
5)	6)								
7)		8)					14)		15)
				16)					

정답 | 142쪽

🔑 가로 열쇠

2) 수가 적어 보기 힘든 동물, "팬더는 멸종 위기의 ○○ ○○이야."

4) 옛날에 있었던 일에서 만들어진 말

5) 학문적 문제에 대해 주장하는 체계적인 생각, "블랙홀에 대한 새로운 ○○이 주목받고 있어."

7) 스스로 자신의 일생을 직접 쓴 전기

10) 뜻과 생각이 잘 통하는 것, "진영이와는 ○○○○이 안 돼. 정말 말이 안 통한다니까."

12) 물건의 성질이나 바탕, "이 옷은 ○○이 참 좋은걸?"

14) 땅을 빌려 조금씩 농사를 짓는 사람, "지주와 ○○○."

16) 천대받는 사람이나 물건

🔑 세로 열쇠

1) 높고 귀한 것

3) 바탕이 같은 성질

4) 유물과 유적을 찾아내고 관찰하여 연구하는 학문

6) 설명을 적어 놓은 문서, "에어컨 사용 ○○○"

8) 전염이 되는 병, "신종 ○○○이 유행하고 있으니 특별히 건강에 신경쓰세요."

9) 의견이나 의논할 것을 내놓는 것, "이번 학급 회의에서는 수경이가 ○○한 안건에 대해 토론하자."

11) 분에 넘치는 사치스러운 물건

13) 물질이 지닌 고유한 양, 모든 물질은 ○○을 가지고 있음.

15) 농사일이 한가한 시기, 대개 겨울임.

2장

樂
음악 악

음악을 들으면 신나고 즐거워

목청을 뽐내는 개구리 성악가들이네요! 성악(聲樂)은 목소리로 하는 음악이고, 성악을 전문적으로 하는 사람은 성악가라고 하지요. 그럼 악기를 이용하는 음악은? 기악(器樂)이라고 합니다.

여기서 악(樂)은 음악이라는 뜻이에요. 그래서 '악'은 음악과 관련된 여러 낱말에 쓰인답니다. 음악에 쓰는 도구는 뭐라고 하죠? 그래요, 악기(樂器)예요.

그럼 '어떤 음악을 만들까?' 하며 음악의 주제나 구성에 대한 생각을 뭐라고 할까요? (   )

① 악수   ② 악상   ③ 악필   ④ 악평

언젠가 들어 봤을 테니 쉽게 맞혔죠? 정답은 ②번 악상입니다. 작곡가는 이 악상을 바탕으로 음악을 만들어요. 그리고 자기가 생각한 음악의 느낌을 잘 표현해 내려고 다양한 악상 기호를 써요. '점점 빠르게'나 '노래하듯이'와 같은 말이 바로 악상 기호랍니다. 인터넷이나 휴대 전화 메시지 등에서 쓰는 이모티콘을 떠올리면 돼요. 악상 기호는 자기 기분이나 느낌을 간단히 전달하는 이모티콘과 비

樂 음악 악

■ **성악**(聲소리 성 樂)
목소리로 하는 음악

■ **성악가**(聲樂 家사람 가)
성악을 전문으로 하는 사람

■ **기악**(器악기 기 樂)
악기를 이용하는 음악

■ **악기**(樂 器도구 기)
음악을 연주하는 데 쓰는 도구

■ **악상**(樂 想생각 상)
음악의 주제나 구성에 대한 생각

■ **악상 기호**
(樂 想 記기록할 기 號부호 호)
음악의 느낌을 표현해 내는 기호

노래하듯이

숫한 역할을 하거든요.

어떤 음악을 알고 있나요? 빈칸을 채워 보세요.

농민들이 하는 음악은 농⬚,

그 나라 고유의 음악은 국⬚,

옛날 나라에서 제사를 지낼 때에 쓰던 음악은 제례⬚,

관악기와 현악기 등을 함께 연주하는 음악은 관현⬚입니다.

완성된 낱말은 농악, 국악, 제례악, 관현악입니다.

잠깐! 관현악에 꼭 관악기와 현악기만 들어가는 건 아니에요. 타악
기도 들어갈 수 있어요. 관현악은 이렇게 여러 악기들이 서로 함께
어울려 울려 퍼지는 음악이라고 하여 교향악이라고도 불러요.

> 성악이 마음에
> 안 드신다니
> 실내악으로.

실내악(室內樂)은 실내에서 연주하는 음악이에요. 실(室)은 원래
방이라는 뜻이에요. 그래서 방처럼 좁은 공간의 실내에서 연주하는
작은 규모의 기악 연주를 실내악이라고 하죠.

'악'이 음악을 뜻한다니, 혹시 조선 시대에 만들어졌다는 악학궤범
(樂學軌範)도 음악에 관한 책일까요?

맞아요! 음악을 배울 때 법칙과 본보기가 될 만한 지식을 모두 모아
놓은 음악 백과사전이에요. 각종 악기와 음악 이론만이 아니라 음
악과 관련된 제도나 예식까지 소개한 책이라고 해요.

▪ **농악**(農농사 농 樂)
농민들이 하는 음악

▪ **국악**(國나라 국 樂)
그 나라 고유의 음악

▪ **제례악**
(祭제사 제 禮예식 례 樂)
제사를 지낼 때 쓰던 음악

▪ **관현악**
(管피리 관 絃줄 현 樂)
관악기와 현악기 등을 함께 연
주하는 음악

▪ **교향악**
(交서로 교 響울릴 향 樂)
여러 악기들이 서로 함께 어울
려 울려 퍼지는 음악

🔔 바이올린 독주, 첼로 독주
처럼 하나의 악기로만 연주하
는 음악회는 독주회(獨혼자 독
奏연주할 주 會모임 회)라고 해요.

▪ **실내악**(室방 실 內안 내 樂)
방처럼 좁은 공간의 실내에서 연
주하는 작은 규모의 기악 연주

▪ **악학궤범**(樂 學배울 학 軌법
칙 궤 範본보기 범)
음악을 배울 때 법칙과 본보기
가 될 만한 지식을 모두 모아 놓
은 조선 시대 음악 백과사전

樂 연주할 악

- **악대**(樂 隊무리 대)
  음악을 연주하는 무리
- **군악대**(軍군대 군 樂隊)
  군대에서 음악을 연주하는 무리
- **악곡**(樂 曲노래 곡)
  음악을 연주하기 위한 곡
- **악보**(樂 譜적을 보)
  악곡을 종이에 그대로 옮겨 적은 것
- **악사**(樂 士사람 사)
  조선 시대에 음악을 연주하는 사람을 부르던 말
- **악공**(樂 工기술자 공)
  노비 출신으로 악기를 다루는 기술자
- **악생**(樂 生사람 생)
  고급 음악을 담당하는 사람

브레멘의 음악대가 연주 여행을 떠나네요. 악대(樂隊)란 음악을 연주하는 무리를 뜻해요. 국군의 날과 같은 행사 때에 멋지게 군가를 연주하는 군인 아저씨들은 군악대라고 하죠. 이처럼 악(樂)은 '연주하다'라는 뜻도 있어요.

자, 음악을 연주할 사람들이 모였어요. 사람이 있고 악기도 있으니 음악을 연주하기 위한 곡인 악곡이 있어야겠지요.

악곡을 종이에 그대로 옮겨 적은 것을 뭐라고 할까요?

네, 맞아요. 악보라고 해요. 작곡가는 머릿속에 가락이 떠오르면 음표를 써서 악보에 나타내요. 성악가나 연주자는 악보를 보고 그 음악을 표현하는 거고요.

다음 중에서 음악을 연주하는 사람이 <u>아닌</u> 것은? ( )
① 악사   ② 악공   ③ 악생   ④ 악당

정답은 ④번. 악당은 나쁜 짓을 일삼는 사람을 말한다고요! 조선 시대에는 음악을 연주하는 사람을 악사(樂士)라고 불렀어요. 악사에는 악공과 악생이 있는데, 악공(樂工)은 노비 신분이라 악기를 다루는 기술자 취급을 받았어요. 악생(樂生)은 농민보다 높은 중간 신분이라서 궁중음악 같은 고급 음악을 담당했어요.

음악을 듣거나 연주하면 마음이 즐거워지죠?

그래서 락(樂)에 '즐겁다'라는 뜻도 있어요. 즐겁다는 뜻으로 쓸 때는 '악'이 아니라 '락'이나 '낙'이라고 읽어요.

악생과 **악공**을 지휘하는 최고 우두머리는 **악사**(樂 師벼슬 사)라고 불렀어요. 음악을 연주하는 사람인 **악사**(樂 士)와 한자가 다르죠.

삼돌이 엄마는 무슨 말을 하려고 했
을까요?

맞아요. 식도락(食道樂)이에요.
노락은 '즐거움을 주는 일'이라는 뜻
이거든요. 그래서 식도락가는 먹는
것을 즐거움으로 생각하는 사람을
뜻한답니다.

상돌이 엄마,
맛있는 거 많이
주비하셨네요?

우리 그이가
□□□가라서요.
호호호.

오락(娛樂)은 여러 가지 놀이로 기분을 즐겁게 하는 일을 뜻해요.
오락은 친구들이 좋아하는 전자오락을 줄여 말할 때도 써요. 컴퓨
터의 프로그램에 따라 즐기는 놀이들을 가리키죠.

그럼 즐거울 '락'을 생각하면서 즐겁게 빈칸을 채워 봐요!

편안하고 즐거운 기분은 안 □ ,

유쾌하고 즐거운 기분은 쾌 □ ,

쾌락을 누리는 것은 향 □ 입니다. 향락은 놀고 즐긴다는 뜻이 아주
강해서 부정적으로 쓰이는 경우가 많아요.

> 아무 괴로움 없고 즐겁기만 한 곳은 뭐라고 할까요? (   )
>
> ① 오락실   ② 낙원   ③ 놀이공원   ④ 동물원

설마 모두 다? 하하, 정답은 ②번 낙원입니다.
인간의 감정 중 기쁨과 화남, 슬픔과 즐거움을 합쳐 희로애락(喜怒
哀樂)이라고 해요.

樂 즐거울 락

식도락
(食먹을 식 道이치 도 樂)
먹는 것을 즐거움으로 생각하
는 것

식도락가(食道樂 家사람 가)
식도락을 즐기는 사람

오락(娛즐거워할 오 樂)
여러 가지 놀이로 기분을 즐겁
게 하는 것

전자오락
(電전기 전 子알갱이 자 娛樂)

안락(安편안할 안 樂)
편안하고 즐거운 기분

쾌락(快유쾌할 쾌 樂)
유쾌하고 즐거운 기분

향락(享누릴 향 樂)
쾌락을 누리는 것

낙원(樂 園동산 원)
아무 괴로움 없이 즐겁기만 한
곳＝천국

희로애락(喜기쁠 희 怒화날
로 哀슬플 애 樂)
기쁨, 화남, 슬픔, 즐거움

| 성 | 악 | | 기 | 악 | | 악 | 기 | | 농 | 악 | | 국 | 악 | | 관 | 현 | 악 |
| 악 | 사 | | 군 | 악 | 대 | | 오 | 락 | | 식 | 도 | 락 | | 희 | 로 | 애 | 락 |

樂
음악 악

성악

성악가

기악

악기

악상

악상 기호

농악

국악

제례악

관현악

교향악

실내악

악학궤범

악대

1 공통으로 들어갈 한자를 따라 쓰세요.

성
희 로 애 | 樂 | 학 궤 범
기

교 향
군 대

음악 **악**

2 어떤 낱말에 대한 설명인지 쓰세요.

1) 음악을 연주하는 데 쓰는 도구 ➡ ☐☐

2) 제사 예식에 쓰이는 음악 ➡ ☐☐☐

3) 실내에서 연주하는 음악 ➡ ☐☐☐

4) 군가를 연주하는 군인들로 모인 무리 ➡ ☐☐☐

5) 편안하고 즐거운 기분 ➡ ☐☐

3 알맞은 낱말을 찾아 문장을 완성하세요.

1) 너는 노래를 잘하니 이 다음에 ☐☐☐ 가 되면 좋겠다.

2) ☐☐ 이 떠오르면 얼른 악보에 그려 봐.

3) 삼촌은 먹는 즐거움을 찾는 ☐☐☐ 가야.

4) 이제 전자 ☐☐ 은 그만하고 나가서 축구를 하고 놀아.

5) 기쁨, 화남, 슬픔, 즐거움의 감정을 다 합해서 ☐☐☐☐ 이라고 해.

4 문장에 어울리는 낱말을 골라 ○표 하세요.

1) 모차르트는 (악상 / 악보)(이)가 떠오르면 단숨에 곡을 만들었대.

2) 농사의 피로를 덜기 위해 농민들은 (농악 / 제례악)을 연주했어.

3) 내일은 (기악 / 오락) 합주를 할 테니 악기 한 가지씩을 가져오렴.

5 그림과 같이 관악기와 현악기가 모여서 함께 연주하는 음악을 무엇이라고 할까요?

□ □ □

6 사다리를 타고 가서 설명에 맞는 말을 쓰세요.

1) 악기를 이용하는 음악

2) 먹는 것을 즐거움으로 생각하는 것

3) 아무 괴로움 없이 즐겁기만 한곳

4) 여러 가지 놀이로 기분을 즐겁게 하는 것

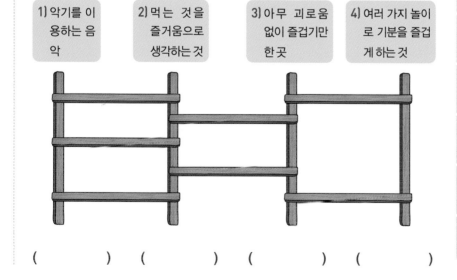

(   ) (   ) (   ) (   )

군악대
악곡
악보
악사
악공
악생
식도락
오락
전자오락
쾌락
안락
향락
낙원
희로애락

調
가락 조

신나게 한 곡조 뽑아 볼까?

신나는 노래가 나오면 곡조에 맞춰 저절로 몸이 흔들리기도 하지요? 이때 곡조(曲調)는 노랫가락이라는 뜻입니다.

음악의 곡조에는 장조와 단조가 있습니다. 긴 가락이라는 뜻의 장조는 온음이 길게 이어지는 음계의 가락입니다. 반면에 짧은 가락이란 뜻의 단조는 온음이 짧게 이어지는 음계의 가락이지요.

여기서 조(調)는 가락, 즉 음의 흐름이라는 뜻입니다.

調	가락 조

■ 곡조(曲노래 곡 調)
노랫가락

■ 장조(長긴 장 調)
긴 가락 / 온음이 길게 이어지는 음계의 가락

■ 단조(短짧을 단 調)
짧은 가락 / 온음이 짧게 이어지는 음계의 가락

■ 성조(聲소리 성 調)
목소리의 가락

■ 산조(散거닐 산 調)
산책하며 거닐 듯이 자유롭게 연주하는 가락

사람의 목소리가 내는 낮고 높은 가락을 뭐라고 할까요? (   )

① 성조   ② 논조   ③ 곡조   ④ 보조

네, 목소리의 가락은 성조(聲調)라고 해요. 한국어는 성조에 따른 말의 의미 변화가 없지만 중국어는 성조의 높낮이에 따라서 말의 의미가 완전히 달라진답니다.

악기도 가락을 만들지요. 그중에서도 우리 전통 음악의 기악 독주곡인 산조(散調)는, 정해진 틀에 맞추지 않고 산책하며 거닐 듯이 자유롭게 연주하는 가락입니다.

가야금 산조

낮은 가락은 저조, 높은 가락은 고조입니다.

가락이 간단하고 단순하면 단조(單調)로운 가락이지요. 가락은 마음의 흐름을 표현하기도 합니다.

그럼 다음 빈칸을 채워 볼까요?

감정이 가라앉은 상태라면 기분이 저☐한 상태라고 하지요.

영화를 보는 데 내 감정도 덩달아 무르익고 흥분된다면?

감정이 고☐된다고 말합니다.

생활이 심심할 정도로 단순할 때, 단☐로운 생활이라고 말합니다.

완성된 낱말은 저조, 고조, 단조입니다.

다른 사람이 나와 의견이 같다고 해 주면 내게 동조해 주는 겁니다.

동조(同調)는 원래 같은 가락을 말하는데, 다른 사람의 주장에 동의한다는 뜻으로 많이 쓰입니다.

'강한 가락'이라는 뜻의 강조는 어떤 부분만 강하게 말하는 것을 가리켜요.

"그는 차분하고 담담한 ☐☐로 말했다."에서 빈칸에 가장 어울리는 말은 무엇일까요? (   )

① 협조   ② 보조   ③ 강조   ④ 어조

정답은 ④번 어조입니다. 어조(語調)는 말의 가락, 즉 말투를 뜻합니다. 그래서 조(調)가 들어간 말은 말투, 말하는 태도를 뜻해요.

비난조는 비난하는 말투, 시비조는 시비를 거는 말투예요. 힐난조는 트집을 잡아 거북하게 따지고 나무라는 말투를 뜻해요.

논조는 무언가에 관해 논하는 투나 태도를 말합니다. 신문 사설은 대체로 사회에 대해 비판적인 논조를 띠는 경향이 있지요.

■ **저조**(低낮을 저 調)
낮은 가락 / 감정이 가라앉은 상태

■ **고조**(高높을 고 調)
높은 가락 / 감정이 무르익고 흥분된 상태

■ **단조**(單간단할 단 調)
심심하고 단순한 상태

■ **동조**(同같을 동 調)
같은 가락 / 다른 사람의 주장에 동의하는 것

■ **강조**(強굳셀 강 調)
강한 가락 / 어떤 부분만 강하게 말하는 것

調 말투 조

■ **어조**(語말씀 어 調)
말의 가락 / 말투

■ **비난조**
(非나무랄 비 難꾸짖을 난 調)
비난하는 말투

■ **시비조**(是옳을 시 非調)
시비를 거는 말투

■ **힐난조**(詰꾸짖을 힐 難調)
트집을 잡아 거북하게 따지고 나무라는 말투

■ **논조**(論논할 논 調)
무언가에 관해 논하는 투와 태도

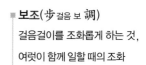

調 어울릴 조

- **조화**(調 和화합할 화)
  서로 잘 어울리는 것
- **실조**(失잃을 실 調)
  조화를 잃어버리는 것
- **영양실조**(營경영할 영 養기를
  양 失調)
  영양상의 조화를 잃어버리는
  것, 조화가 깨지는 것
- **색조**(色색깔 색 調)
  색깔의 조화
- **협조**(協협력할 협 調)
  서로 협력하여 조화를 이루는 것

태권도+권투?

태권도의 발동작과 권투의 손동작을 조회시킨 것이 '태보'라는 운동입니다. 조화(調和)란 서로 잘 어울리는 것을 뜻해요. 여기에서 조(調)는 '조화를 이루다', '어울리다'라는 뜻을 가지고 있습니다.

음식을 골고루 먹지 않으면 영양실조에 걸립니다. 영양실조의 실조(失調)는 조화를 잃어버린다는 뜻입니다. 그러니까 영양실조는 영양상의 조화를 잃어버리는 거지요.

다음 빈칸을 채워 보세요.

색이 조화를 이루도록 꾸미는 것은 색[ ],

서로 협력하여 조화를 이루는 것은 협[ ]이지요.

빈칸을 채우면 색조, 협조가 됩니다.

걸음이 빠른 사람이 걸음이 느린 사람을 위해 일부러 천천히 걷는 것은 보조(步調)를 맞추는 것입니다. 걸음걸이를 조화롭게 한다는 뜻인데, 여럿이 함께 일할 때의 조화를 뜻하는 말로도 쓰입니다.

- **보조**(步걸음 보 調)
  걸음걸이를 조화롭게 하는 것,
  여럿이 함께 일할 때의 조화

🔔 **이런 말도 있어요**

조달청(調達廳)은 정부에서 필요한 물자를 거두어 사들여 각 부서에 전달하는 기관입니다. 이때 조(調)는 '거두다'라는 뜻입니다.

- **조달청**(調거둘 조 達전달할 달 廳기관 청) 물자를 거두어 전달하는 기관

調 | 고를 조

원쪽은 무엇을 하는 장면일까요? ( )

① 조율   ② 조정   ③ 조절

정답은 ①번. 조율(調律)은 악기를 손질해 표준음을 낼 수 있도록 음을 고르는 것입니다. 서로 다른 의견을 조정하고 고를 때도 '조율'이라고 합니다. 조율의 조(調)는 '고르다'라는 뜻입니다.

기준에 맞춰 고르게 정돈하는 것은 조정입니다. 버스 운행 시간이 너무 벌어지면 조정이 필요하지요. 한편 적당히 맞추는 것은 조절입니다.

몸조리는 음식이나 움직임 등을 몸에 맞게 조절해서 쇠약해진 몸을 회복시키는 것입니다. 줄여서 조리라고도 하지요.

그런데 조리는 여러 재료를 이치에 맞게 잘 조절해서 음식을 만드는 것을 뜻하기도 해요. 그리고 이런 일을 하는 사람이 조리사입니다.

병에 맞게 약을 조절해서 만드는 것은 조제(調製), 맛을 조절하는 것은 조미입니다. 간장, 소금, 후추처럼 음식의 맛을 조절하는 재료들은 조미료(調味料)이지요.

여~ 거북~ **몸조리** 잘해.

몸 조리?

■ **조율**(調 律음률 률)
악기를 손질해 표준음을 낼 수 있도록 음을 고르는 것 / 서로 다른 의견을 조정하고 고르는 것
■ **조정**(調 整정돈할 정)
기준에 맞춰 고르게 정돈하는 것
■ **조절**(調 節마디 절)
적당히 맞추는 것
■ **조리**(調 理이치 리)
여러 가지 재료를 이치에 맞게 잘 조절해서 음식을 만드는 것
■ **몸조리**(調理)
음식이나 움직임 등을 몸에 맞게 조절하여 쇠약해진 몸을 회복시키는 것 = 조리
■ **조리사**(調理 師스승 사)
조리하는 사람
■ **조제**(調 製만들 제)
병에 맞게 약을 조절해서 만드는 것
■ **조미**(調 味맛 미)
맛을 조절하는 것
■ **조미료**(調味 料재료 료)
음식의 맛을 조절하는 재료

곡조 장조 단조 성조 고조 강조
논조 조화 조율 몸조리 조미료

調
가락 조

곡조

장조

단조
(短調)

성조

산조

저조

고조

단조
(單調)

동조

강조

어조

비난조

시비조

힐난조

1 공통으로 들어갈 한자를 따라 쓰세요.

곡 ▨

화 ▨

영 양 실 ▨

調
가락 조

시 비 ▨

장 ▨

리 ▨

2 어떤 낱말에 대한 설명인지 쓰세요.

1) 노랫가락 ➡ ☐☐

2) 목소리의 가락 ➡ ☐☐

3) 감정이 가라앉은 상태 ➡ ☐☐

4) 다른 사람의 주장에 동의하는 것 ➡ ☐☐

3 알맞은 낱말을 찾아 문장을 완성하세요.

1) 아이고, 어지러워. 밥을 못 먹어서 영양 ☐☐ 걸리겠어.

2) 요즘 성적이 너무 ☐☐ 해서 걱정이야.

3) 너무 춥다. 보일러 온도를 좀 ☐☐ 해 봐.

4) 혼자만 앞서가지 말고 다른 사람과 ☐☐ 를 맞춰 걸어.

4 문장에 어울리는 낱말을 골라 ○표 하세요.

1) 울적할 때는 노래를 한 (곡조 / 성조) 뽑아 봐.

2) 선생님께서 그 문제가 시험에 꼭 나온다고 (강조 / 동조)하셨어.

3) 어디선가 가야금 (산조 / 어조) 소리가 들려.

4) 무엇이 못마땅해서 그렇게 시비를 거는 (시비조 / 힐난조)로 말해?

5 설명을 읽고, 알맞은 낱말을 연결하세요.

1) 온음이 길게 이어지는 음계의 가락 •   • 단조
2) 온음이 짧게 이어지는 음계의 가락 •   • 장조
3) 감정이 무르익고 흥분된 상태 •   • 조미
4) 맛을 조절하는 것 •   • 고조
5) 서로 협력하여 조화를 이루는 것 •   • 협조

논조
조화
실조
영양실조
색조
협조
보조
조달청
조율
조정
조절
조리
몸조리
조리사
조제
조미
조미료

6 설명에 해당하는 낱말을 글자판에서 찾아 ○표 하세요. 단, 낱말은 사선으로만 찾으세요.

1) 정해진 틀에 맞추지 않고 자유롭게 연주하는 가락의 전통적인 기악 독주 곡은 ○○
2) 트집을 잡아 거북하게 따지고 나무라는 말투는 ○○○
3) 무언가에 관해 논하는 투나 태도, 신문 사설의 ○○
4) 병에 맞게 약을 조절해서 만드는 것은 ○○

주	양	격	랑	활	솔
팔	시	유	조	중	산
정	소	장	초	조	살
룰	힐	이	징	울	학
논	하	난	창	조	선
랑	조	영	조	부	제

사람이 없으면 무인, 죄가 없으면 무죄

없을 무 無

위 그림에서 빈칸에 공통으로 들어갈 말은 무엇일까요? (　　　)

① 유　　　　　② 모　　　　　③ 무

네, 정답은 ③번 무(無).

'없다'라는 뜻을 나타내는 한자어입니다.

무인도는 '사람이 살지 않는 섬'이라는 뜻이에요.

무죄는 죄가 없다는 뜻이고, 무료는 요금이 없다는 뜻이랍니다.

다음 빈칸을 채워 낱말을 완성해 보세요.

선이 없는 것은 □선,

색과 냄새가 없는 것은 □색□취.

우리 손가락 중에는 네 번째 손가락만 이름이 없어요!

그래서 무명지라고 불러요. '무명'은 이름이 없다,

'지'는 손가락을 뜻합니다.

다음 빈칸을 채워 낱말을 완성해 보세요.

이름 없는 사람을 높여 부르는 말은 □□씨,

세상에 이름이 알려지지 않은 용사는 □□용사.

왜 나만 이름이 없냐고!

無 **없을 무**

■ **무인도**

(無 人사람 인 島섬 도)

■ **무죄**(無 罪죄 죄)

■ **무료**(無 料요금 료)

■ **무선**(無 線줄 선)

선이 없는 것

■ **무색무취**(無 色색채 색 無

臭냄새 취)

색과 냄새가 없는 것

■ **무명지**

(無 名이름 명 指손가락 지)

이름 없는 손가락 / 넷째 손가락

■ **무명씨**(無 名 氏성씨 씨)

이름 없는 사람을 높여 부르

는 말

■ **무명용사**(無 名 勇용감할 용

士군사 사)

세상에 이름이 알려지지 않은

용사

무궁화(無窮花)의 '무궁'은 무슨 뜻일까요? (   )

① 가난이 없다는 뜻
② 활 모양이 없다는 뜻
③ 끝이나 다함이 없다는 뜻

■ **무궁화**
(無 窮다할 궁 花꽃 화)
다함이 없이 계속 피는 꽃

■ **무진**(無 盡다할 진)
다함이 없는 것

■ **무궁무진**(無窮無盡)
다함이 없고 끝도 없이 많은 것

■ **무진장**(無盡 臧저장할 장)
다함이 없을 정도로 저장한 것
이 많은 것

■ **무중력**
(無 重무거울 중 力힘 력)
중력이 없는 것

정답은 ③번이에요. 우리나라를 상징하는 무궁화는 다함이 없이 계속 핀다고 해서 무궁화라고 한답니다. 무궁화는 약 100일 동안 매일 아침에 새 꽃을 피웁니다. 진짜로 피고 지고 또 피는 꽃이죠.

다음 빈칸을 채워 낱말을 완성해 보세요.

다함이 없고 끝도 없이 많은 건 무궁⬜⬜,

다함이 없을 정도로 저장한 것이 많으면 ⬜⬜장 많다고 합니다.

빈칸에 공통으로 들어갈 말은 '무진'이에요. 다함이 없다는 뜻입니다.

여긴 **무중력** 공간이야!

중력이 무엇인지 아세요?

중력은 지구 위의 물체를 지구의 중심으로 끌어당기는 힘을 말합니다. 우리가 지구 위에 서 있을 수 있는 것도 바로 중력 때문이지요. 그러나 우주 공간에 가면 중력이 없어서 모두가 가벼워지지요. 중력이 없는 것을 무중력이라고 해요. 그래서 무거운 돌도 가볍게 들 수 있어요. 그리고 우주 공간은 무중력 공간이라고 한답니다.

무화과는 꽃이 없는 과일이란 뜻. 하지만 꽃이삭 안에서 꽃이 피죠.

꽃이삭

저런, 법이 짓밟히고 있어요. 이곳은 무법천지로군요. 법을 무시하여 질서가 어지럽고 난폭한 행위가 가득한 곳을 무법천지라고 해요. 법을 무시하고 지키지 않는 사람은 무법자라고 하지요. 여기서 무(無)는 '무시한다'라는 뜻으로 쓰였어요.

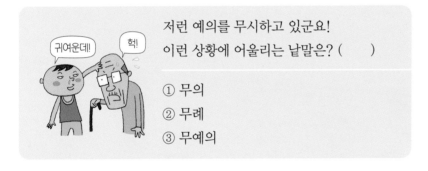

저런 예의를 무시하고 있군요!
이런 상황에 어울리는 낱말은? (　　　)

① 무의
② 무례
③ 무예의

정답은 ②번 무례예요. 사람들의 태도나 말에 예의가 없는 것을 말하죠. 무례의 정도가 지나치면 무엄하다고 합니다. 무엄은 주로 높은 어른에게 무례했을 때에 쓰는 말입니다.

'무'가 '~하지 않다'라는 뜻으로 쓰일 때도 있어요.

'무'를 앞에 붙여 낱말을 완성해 보세요.

질서를 지키지 않는 것은 ☐질서,

당분을 첨가하지 않은 것은 ☐가당,

허가를 받아야 되는 곳에 허가 없이 세운 건물은 ☐허가 건물,

돌, 물이나 책상, 가방처럼 생명체가 아닌 것은 ☐생물.

無 **무시할 무**

▶ **무법천지**
(無 法법 법 天하늘 천 地땅 지)
법을 무시하여 질서가 어지럽고 난폭한 행위가 가득한 곳

▶ **무법자**(無法 者사람 자)
법을 무시하고 지키지 않는 사람

▶ **무례**(無 禮예의 례)
태도나 말에 예의가 없는 것

▶ **무엄**(無 嚴삼갈 엄)
무례의 정도가 지나친 것

無 **않을 무**

▶ **무질서**
(無 秩차례 질 序차례 서)
질서를 지키지 않는 것

▶ **무가당**
(無 加더할 가 糖설탕 당)
당분을 첨가하지 않은 것

▶ **무허가**
(無 許허락할 허 可허락할 가)
허가를 받지 않은 것

▶ **무생물**
(無 生살아 있을 생 物물체 물)
생명체가 아닌 것

무(無)가 붙으니 정반대로 변해 버리는군요. '무'는 저렇게 변신시
키기도 해요. '무'가 변신시키는 다른 낱말을 알아볼까요?
도리나 이치에 맞지 않는 것은 ☐리,
잘 해낼 방도를 꾀하지 않고 무턱대고 하는 것은 ☐모,
한편 승낙도 없이 하는 것은 무단(無斷)이에요.
무단으로 학교에 빠지면 ☐☐결석,
무단으로 회사를 빠지면 ☐☐결근.
저런, 오른쪽 그림처럼 아무런 생각 없이
무심코 불씨를 버리면 큰일 나요.
무심코의 무심은 아무런 뜻이나 생각이 없다는 뜻
이에요. 무심코와 비슷한 말은 무심결입니다.
무심결은 '무심한 사이에'라는 뜻이에요.

무관심
(無 關관계 관 心마음 심)
어떤 일에 관심이나 흥미를 갖
지 않는 것
무능(無 能능할 능)
어떤 일을 할 수 없는 것
무리(無 理이치 리)
도리나 이치에 맞지 않는 것
무모(無 謀꾀할 모)
잘 해낼 방도를 꾀하지 않고 무
턱대고 하는 것
무단(無 斷끊을 단)
승낙도 없이 하는 것
무단결석
(無斷 缺빠질 결 席자리 석)
무단으로 학교를 빠지는 것
무단결근
(無斷缺 勤일할 근)
무단으로 회사를 빠지는 것
무심(無 心마음 심)
아무런 뜻이나 생각이 없는 것
무심(無心)**코**
아무런 생각 없이
무심(無心)**결**
무심한 사이에

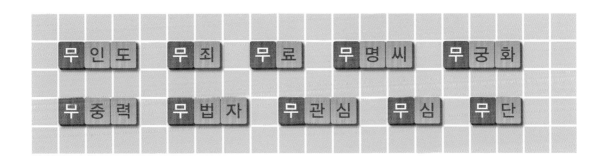

無
없을 무

| 무인도 |
| 무죄 |
| 무료 |
| 무선 |
| 무색무취 |
| 무명지 |
| 무명씨 |
| 무명용사 |
| 무궁화 |
| 무진 |
| 무궁무진 |
| 무진장 |
| 무중력 |
| 무법천지 |
| 무법자 |

① 공통으로 들어갈 한자를 따라 쓰세요.

| 죄 |
| 료 |

궁 진 ─ 無 ─ 법 천 지

| 중 력 |
| 관 심 |

없을 무

② 어떤 낱말에 대한 설명인지 쓰세요.

1) 사람이 살지 않는 섬 ➡ ☐☐☐

2) 죄가 없는 것 ➡ ☐☐

3) 법을 무시하고 지키지 않는 사람 ➡ ☐☐☐

4) 허가를 받지 않는 것 ➡ ☐☐☐

③ 알맞은 낱말을 찾아 문장을 완성하세요.

1) 요즘은 대부분 선이 없는 ☐☐ 전화를 사용해.

2) 오늘 예의 없이 행동했던 저의 ☐☐를 용서해 주세요.

3) 교통 법규를 잘 지키지 않아서 거리 상태가 ☐☐☐해.

4) 나에게 아무런 신경도 쓰지 않고 너무 ☐☐한 거 아니니?

④ 문장에 어울리는 낱말을 골라 ○표 하세요.

1) 와, 도서관에 정말 읽을 책이 (무진장 / 무조건) 많구나.

2) 우리가 커서 할 일은 정말 (무궁무진 / 무한정)해.

3) 입장료도 내지 않고 (무료 / 유료)로 입장하면 어떻게 해.

4) 국립묘지에는 이름이 없는 (무명 / 유명)용사의 묘도 많아.

5 그림을 보고, 빈칸에 들어갈 알맞은 말을 글자판에서 골라 쓰세요.

이런, 무□□□이(가) 따로 없구나!

무	천	장
수	진	조
지	법	건

무 [ ] [ ] [ ]

무례

무엄

무질서

무가당

무허가

무생물

무관심

무능

무리

무모

무단

무단결석

무단결근

무심

무심고

무심결

6 그림과 낱말을 알맞게 연결하세요.

1)

•

•

무 중 력

2)

•

•

무 궁 화

3)

•

•

무 인 도

폴더 안의 내용을 삭제하시겠습니까?

除 없앨 제

폭력적인 게임이나 동영상은 컴퓨터에서 □□하라고 그랬지?

아빠, 진짜 지워요?

얘야, 엄마 말대로 해라.

위 그림의 빈칸에 들어갈 말은 무엇일까요? (　　)

① 복사　　　② 삭제　　　③ 입력　　　④ 복구

정답은 ④번. 삭제(削除)는 없애거나 지워 버린다는 뜻입니다. 자기가 올린 자료를 자기가 알아서 지우는 걸 뭐라고 할까요? 자삭? 제대로 말하면 자진 삭제죠. '자삭'은 자진 삭제를 짧게 줄인 인터넷 신조어예요.

제거(除去)도 '없애다'라는 뜻입니다. 주름살, 잡음, 지뢰, 기름때 따위는 '삭제'한다고 하지 않고, '제거'한다고 합니다. 파일, 게시물, 메시지 따위는 '삭제'한다고 합니다.

제(除)는 이렇게 '없애다'라는 뜻을 가지고 있습니다.

빈칸을 채우면서 함께 읽어요.

독을 없애는 것은 □독(除毒),

잡초를 뽑아 없애는 것은 □초,

다리나 겨드랑이 같은 곳의 털을 없애는 것은 □모예요.

除 없앨 제

삭제(削깎을 삭 除**)**
없애거나 지워 버리는 것

자진 삭제(自 스스로 자 進나아갈 진 削除**)**
자기가 알아서 지우는 것

제거(除 去없앨 거**)**
없애는 것

제독(除 毒독 독**)**
독을 없애는 것

제초(除 草풀 초**)**
잡초를 뽑아 없애는 것

제모(除 毛털 모**)**
털을 없애는 것

헉! 독버섯이다. 누가 나 **제독** 좀 시켜 줘… 꼬로록.

덥석

바보! 또 먹냐!

위 그림은 무엇을 하고 있는 장면일까요? (　　　)

① 개막식　　　② 제막식　　　③ 결혼식　　　④ 폐장식

정답은 ②번입니다. 제막(除幕)은 어떤 곳에 전시할 조각품이나 작품을 덮고 있던 '막을 없애다'라는 뜻입니다. 그리고 이렇게 막을 걷어 내 없애는 행사를 제막식이라고 해요. '막을 없애는 의식'이란 뜻입니다.

하얀 눈이 수북이 쌓이면 눈싸움하긴 좋아도 다니기는 어렵죠? 여러 가지 방법으로 쌓인 눈을 없애는 걸 뭐라고 할까요?

(　　　)

① 제설　　　② 제습　　　③ 제명　　　④ 방제

정답은 ①번 제설(除雪)이지요. '제설함'이라고 적힌 커다란 상자를 본 적이 있을 거예요. 제설함은 제설 작업에 필요한 것들이 들어 있는 상자라는 뜻이에요. 자, 이제 다음 빈칸을 채워 볼까요?

습기를 없애는 것은 □습, 습기를 없애는 기계는 □□기, 명단에서 이름을 없애는 것은 □명입니다.

완성된 낱말은 제습, 제습기, 제명. 제명과 비슷한 말은 세석이죠.

제막(除 幕막 막)
막을 없애는 것

제막식(除幕 式행사 식)
막을 걷어 내 없애는 행사

제설(除 雪눈 설)
눈을 없애는 것

제설함(除雪 函상자 함)
제설 작업에 필요한 것들이 담긴 상자

🔔 제설함에는 보통 염화 칼슘 주머니와 모래주머니가 들어 있어요. 염화 칼슘은 눈을 녹이는 역할을 하고, 모래는 눈길 위에 뿌려 길이 덜 미끄럽게 만듭니다.

제습(除 濕습기 습)
습기를 없애는 것

제습기(除濕 機기계 기)
습기를 없애는 기계

제명(除 名이름 명)
명단에서 이름을 없애는 것 = 제적

🔔 **방제와 구제**
두 낱말 모두 '없애다'라는 뜻입니다. 그러나 방제(防막을 방 除)는 예방하여 없앤다는 뜻이고, 구제(驅몰 구 除)는 생겨난 것을 몰아낸다는 뜻입니다. '해충 방제'는 해충이 생기기 전에 예방하여 없애는 것이고, '해충 구제'는 이미 있는 해충을 몰아내 없애는 거지요.

제외(除外)는 바깥으로 떼어 내 버린다는 뜻입니다. 그래요. 승진에서 제외됐다는 건 승진하지 못했다는 뜻입니다. 기분이 유쾌하진 않겠죠?

제외와 비슷한 말은 배제입니다. 배제는 받아들이지 않고, 배척하고 제외한다는 뜻이에요. 이때 제(除)는 '버리다'라는 뜻을 나타냅니다.

해제(解除)는 풀어 버리는 겁니다. 그럼 무장 □□는? 무장하고 있던 사람들의 무기를 다 빼앗아 버리는 것입니다. 범인으로 몰려 수배 당했다가 수배가 풀리면 수배 □□, 어떤 직책에 있는 사람을 그 자리에서 물러나게 하면 직위 □□입니다.

그린벨트 해제는 그린벨트로 묶여 있다가 풀렸다는 뜻이죠. 그린벨트는 도시 환경을 보전하기 위해 개발을 하지 못하게 하는 녹색 구역입니다. 그린벨트가 해

제되면 아파트 등을 지어 개발할 수 있지만 자연환경이 파괴될 수밖에 없겠지요.

친구가 배가 아파 병원에 갔다가 맹장 절제 수술을 했답니다.
여기에서 '절제'는 무슨 뜻일까요? (   )

① 꿰맴   ② 묶음   ③ 아낌   ④ 잘라 냄

정답은 ④번입니다. 절제란 잘라 낸다는 뜻이에요. 맹장 절제 수술은 염증이 생긴 맹장을 잘라 내는 수술을 말해요.

除 버릴 제

- **제외**(除 外바깥 외)
  밖으로 떼어 내 버리는 것

- **배제**(排배척할 배 除)
  받아들이지 않고, 배척하고 제외하는 것

- **해제**(解풀 해 除)
  풀어 버리는 것

- **무장 해제**(解除)
  무장하고 있던 사람의 무기를 다 빼앗아 버리는 것

- **수배 해제**(解除)
  수배 당했다가 풀리는 것

- **직위 해제**(解除)
  어떤 직책에 있는 사람을 그 자리에서 물러나게 하는 것

- **그린벨트 해제**(解除)
  그린벨트로 묶여 있다가 풀리는 것

- **절제**(切자를 절 除)
  잘라 내는 것

어젯밤에 엄마 몰래 한 시간 반 한 거 제하면… 30분이네!

오늘은 컴퓨터 두 시간 할 수 있죠?

하하하. 그러게 엄마는 뭐든지 아신다니까요!

엄마께서 말씀하신 '제하다'는 무슨 뜻일까요? ( )

① 덜어 내다 　② 곱하다
③ 더하다 　　④ 셈하다

정답은 ①번 덜어 내다! 그러니까 두 시간에서 한 시간 반을 덜어 내면 30분만 남지요. 이렇게 제(除)는 '덜다'라는 뜻도 있어요.
면제(免除)는 면하여 덜어 주는 거예요. 어떤 책임이나 의무에서 벗어나게 해 준다는 뜻이지요. 학비를 면제받으면 학비를 안 내도 학교에 다닐 수 있어요. 병역에서 면제되면 군대에 가지 않고요.

오른쪽 그림은 무엇을 하는 장면일까요? 그래요. 제야의 종을 치는 겁니다. 텔레비전에서 본 적이 있을 거예요. 제야(除夜)란 '한 해를 덜어 내는 밤'이란 뜻이에요. 한 해의 마지막

날 밤인 12월 31일 자정을 뜻해요. 묵은해를 떼어 내 보내 버리는 밤이지요.

🔔 **가감승제**

수학의 사칙 연산에 쓰는 덧셈(＋), 뺄셈(－), 곱셈(×), 나눗셈(÷)을 뜻하는 사자성어가 있어요. 바로 가감승제(加더할 가 減뺄 감 乘곱할 승 除나눌 제)입니다. 여기에서 제(除)는 '나누다'라는 뜻입니다.

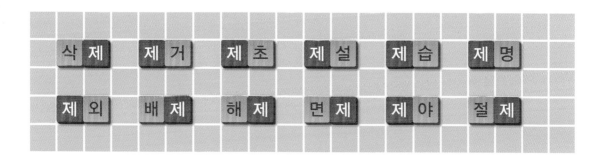

| 삭제 | 제거 | 제초 | 제설 | 제습 | 제명 |
| 제외 | 배제 | 해제 | 면제 | 제야 | 절제 |

除
없앨 제

삭제

자진 삭제

제거

제독

제초

제모

제막

제막식

제설

제설함

제습

제습기

제명

제적

① 공통으로 들어갈 한자를 따라 쓰세요.

삭

면

직 위 해

除
없앨 제

무 장 해

거

막

② 어떤 낱말에 대한 설명인지 쓰세요.

1) 없애거나 지워 버리는 것 ➡ ☐☐

2) 잡초를 뽑아 없애는 것 ➡ ☐☐

3) 습기를 없애는 것 ➡ ☐☐

4) 받아들이지 않고, 배척하고 제외하는 것 ➡ ☐☐

5) 면하여 덜어 주는 것 ➡ ☐☐

③ 알맞은 낱말을 찾아 문장을 완성하세요.

1) 눈이 너무 많이 왔어. 얼른 ☐☐ 작업을 하자.

2) 드디어 작품을 공개하기 위한 ☐☐식을 거행하겠습니다.

3) 감정을 다 표현하지 말고 어느 정도는 ☐☐해야 해.

4) 그린벨트가 ☐☐되니 온통 시멘트 건물뿐이야.

4 **문장에 어울리는 낱말을 골라 ○표 하세요.**

1) 컴퓨터에 저장해 놓은 소설 파일을 동생이 실수로 (삭제 / 배제)했어.

2) 의사 결정 과정에서 내 의사는 철저하게 (배제 / 면제)되었어.

3) 회장 후보에서 (제외 / 제거)되니 속상해.

5 **그림을 보고, 빈칸에 들어갈 알맞은 말을 쓰세요.**

한 해의 마지막 밤, ☐☐ 의 종을 치는 행사를 하고 있습니다.

6 **설명에 알맞은 말을 써넣으세요.**

1) 어떤 직책에 있는 사람을 물러나게 하는 것 → 직위 ☐☐

2) 염증이 생긴 맹장을 잘라 내는 것 → 맹장 ☐☐

3) 해로운 벌레가 생기기 전에 예방하는 것 → 해충 ☐☐

4) 해로운 벌레를 몰아내 없애는 것 → 해충 ☐☐

방제

구제

제외

배제

해제

무장 해제

수배 해제

직위 해제

그린벨트 해제

절제

제하다

면제

제야

가감승제

누가 피해자고, 누가 가해자지?

害 해로울 해

해(害)는 '해롭다'라는 뜻을 가지고 있어요. 가해자는 해로움을 준 사람을 말하고, 피해자는 해로움을 당한 사람을 말해요.

그림의 빈칸에는 금전적으로나 정신적으로 해로움이 있는 상태를 뜻하는 낱말이 들어갑니다. 어떤 낱말일까요? (　　)

① 이득　② 횡재　③ 손해

정답은 ③번 손해예요. 친구들하고 물건을 바꿔 본 적 있죠? 바꾸고 나서 괜히 손해 본 것 같다는 느낌을 받았다면, 그 느낌이 바로 정신적 손해예요.

공부하고 있는데 옆에서 동생이 시끄럽게 놀면 공부에 방해가 되지요? 방해는 무언가를 훼방 놓아 해를 끼친다는 뜻이에요.

害 해로울 해

■ **가해자**
(加더할 가 害 者사람 자)
해로움을 준 사람

■ **피해자**
(被입을 피 害 者)
해로움을 당한 사람

■ **손해**(損덜을 손 害)
금전적, 정신적으로 해로움이 있는 상태

■ **방해**(妨훼방 놓을 방 害)
훼방 놓아 해를 끼치는 것

해로움의 반대는 이로움입니다. 비싼 장난감을 덜컥 사면 이로움과 해로움이 둘 다 있다는 것을 잘 알고 있군요. 이로움과 해로움을 합쳐 이해라고 해요. 무엇이 이로운지, 해로운지 이모저모 따져 보는 것은 이해타산(利害打算)이죠.

다음 중 해로움이 있는 것과 해로움이 없는 것을 뜻하는 낱말이 알맞게 짝 지어진 것은? (   )

① 해유 – 이유   ② 해이 – 무이   ③ 유해 – 무해

정답은 ③번 유해 – 무해예요. '있을 유(有)'와 '없을 무(無)'가 각각 해(害)와 함께 쓰였어요.

다음 빈칸을 채워 볼까요?

우리 몸에 해로운 식품은 ☐☐ 식품,

청소년에게 해로운 사업을 하는 장소는 청소년 ☐☐ 업소.

남의 영역을 허락 없이 침범하여 해를 입히는 것을 침해라고 해요. 몰래 카메라로 남의 생활을 엿보는 것은 심각한 사생활 침해예요.

해(害)에는 '해치다'라는 뜻도 있어요. 사람을 죽이는 것은 살해, 상처를 입히는 건 상해라고 해요.

■ **이해**(利이로울 이 害)
이로움과 해로움

■ **이해타산**
(利害 打두드릴 타 算셀 산)
이로운지 해로운지 이모저모 따져 보는 것

■ **유해**(有있을 유 害)
해로움이 있는 것

■ **무해**(無없을 무 害)
해로움이 없는 것

■ **유해 식품**
(有害 食먹을 식 品물건 품)
몸에 해로운 식품

■ **유해 업소**
(有害 業일업 所곳 소)
해로운 사업을 하는 장소

害 해칠 해

■ **침해**(侵범할 침 害)
침범하여 해를 입히는 것

■ **살해**(殺죽일 살 害)
사람을 죽이는 것

■ **상해**(傷다칠 상 害)
상처를 입히는 것

🔔 **해(害)코지하다**
남에게 금전적, 신체적, 정신적으로 해를 끼치는 행위를 하는 것을 말해요.

예상치 못한 일로 입는 피해를 재해(災害)라고 해요.
다음과 같이 그 원인이 자연적인 것일 때 자연재해라 하죠.
비가 많이 오는 장마나 홍수로 인한 수☐,
반대로 비가 안 와 가뭄으로 인한 한☐,
눈이 많이 내려서 입은 설☐.

위 그림의 빈칸에 들어갈 낱말이 알맞게 짝지어진 것은? (　　　)

① ㉠ 해충 – ㉡ 이충　② ㉠ 해초 – ㉡ 익초　③ ㉠ 해충 – ㉡ 익충

정답은 ③번이에요. 소나무들이 재선충이라는 작은 벌레 때문에 말라죽는 일이 많아요. 이렇게 피해를 주는 벌레를 해충이라고 하고, 반대로 벌처럼 이로움을 많이 주는 벌레는 익충이라고 하지요.
다음 빈칸을 채워 낱말을 완성해 보세요.
병으로 인하여 입은 농작물의 피해는 병☐,
해충으로 인하여 입은 농작물의 피해는 충☐,
병과 해충으로 인하여 입은 농작물의 피해는 병충☐라고 해요.

■ **재해**(災 재앙 재 害)
예상치 못한 일로 입는 피해

■ **자연재해**
(自 스스로 자 然 그러할 연 災害)
자연적인 원인으로 생긴 재해

■ **수해**(水 물 수 害)
장마나 홍수로 인한 재해

■ **한해**(旱 가물 한 害)
가뭄으로 인한 재해

■ **설해**(雪 눈 설 害)
눈이 많이 내려서 입은 피해

■ **해충**(害 蟲 벌레 충)
피해를 주는 벌레 ↔ 익충

■ **병해**(病 병들 병 害)
병으로 인하여 입은 농작물의 피해

■ **충해**(蟲 벌레 충 害)
해로운 벌레로 인하여 입은 농작물의 피해

■ **병충해**(病 蟲 害)
병과 해충으로 인하여 입은 농작물의 피해

🔔 **여러 가지 자연재해**
자연재해에는 가뭄, 홍수, 태풍, 지진, 우박, 냉해, 해일, 폭설, 산사태, 안개 등이 있어요.

■ **공해**(公모든 사람 공 害)
산업이나 교통 발달로 사람이
나 생물이 입게 되는 여러 피해
■ **무공해**(無없을 무 公害)
공해가 없는 것

할아버지를 답답하게 하는 것은 깨끗하지 못한 공기예요. 산업이나 교통의 발달로 공기가 나빠지고, 물이 오염되는 등 여러 가지 피해가 생겼어요. 이것을 공해(公害)라고 합니다.

다음 중 공해의 종류에 속하지 <u>않는</u> 것은 무엇일까요? (   )

① 오염된 물   ② 자동차 소음   ③ 높은 건물   ④ 자동차 매연

정답은 ③번 높은 건물이에요. 건물이 높다고 공해가 생기는 것은 아니죠. 오염된 물은 폐수라고 해요. 가정의 합성 세제나 공장의 화학 물질 등 해로운 물질이 물에 섞이면 폐수가 돼요.
시끄러운 소리인 소음도 공해의 한 종류예요. 소음을 너무 많이 들으면 건강이 나빠집니다.
매연은 연료가 탈 때 나오는 그을음 섞인 연기예요. 자동차뿐만 아니라, 공장 등에서도 많이 나오죠. 이런 공해가 없어지면 참 좋을 텐데! 공해 없는 상태를 무공해라고 해요.

피**해**자   가**해**자   손**해**   방**해**   이**해**

유**해**   침**해**   재**해**   병**해**   **해**충   무공**해**

피해자

가해자

손해

방해

이해

이해타산

유해

무해

유해 식품

유해 업소

침해

상해

살해

해코지하다

재해

자연재해

① 공통으로 들어갈 한자를 따라 쓰세요.

손

재

자 연 재

害
해로울 해

무 공

피   자

병 충

② 어떤 낱말에 대한 설명인지 쓰세요.

1) 해로움을 당한 사람 ➡ ☐☐☐

2) 금전적, 정신적으로 해로움이 있는 상태 ➡ ☐☐

3) 몸에 해로운 식품 ➡ ☐☐ 식품

4) 산업이나 교통의 발달로 사람이나 생물이 입게 되는 피해 ➡ ☐☐

5) 장마나 홍수로 인한 재해 ➡ ☐☐

③ 알맞은 낱말을 찾아 문장을 완성하세요.

1) 열심히 외국어를 공부해 두면 ☐☐ 볼 게 없어.

2) 친구들과 노는 데 자꾸 동생이 ☐☐ 를 해서 화가 났어.

3) 자동차 사고로 전치 5주의 ☐☐ 를 입었어.

4) 이건 농약을 치지 않은 ☐☐☐ 채소예요.

5) 홍수가 나서 모두 물에 잠기는 ☐☐☐☐ 가 일어났어.

④ 문장에 어울리는 낱말을 골라 ○표 하세요.

1) 어제 교통사고를 낸 (가해자 / 피해자)는 도망갔어.

2) 이 공장에서는 (무해 / 유해) 물질이 너무 많이 나와서 물이 오염됐어.

3) 괜히 말했다가 오히려 (이해 / 손해)를 봤어.

4) 내 일기를 훔쳐보는 건 사생활 (침해 / 피해)야.

⑤ 설명을 읽고, 알맞은 낱말을 연결하세요.

1) 홍수로 인한 재해   •   • 수해

2) 파리, 모기 등 해로운 벌레   •   • 해충

3) 재선충에 의해 소나무가 입은 피해 •   • 공해

4) 산업 발달로 생긴 환경 오염   •   • 충해

⑥ 친구가 자연재해로 위험에 처했어요. 자연재해에 해당하는 돌에 ○표 하세요.

수해
한해
설해
해충
익충
병해
충해
병충해
공해
무공해

내게 필요한 건 구호물자?

資 물건 자

재난이나 전쟁 등으로 곤란에 처한 사람들을 돕기 위해 보내는 각종 물품을 구호물자라고 해요. 군대에서 필요한 물품 또는 전쟁에 필요한 물건은 군수 물자라고 하지요.

> 다음 중 군수 물자인 것은 무엇일까요? (   )
>
> ① 총   ② 총알   ③ 식량   ④ 군복

답은 ①, ②, ③, ④번 모두입니다.

총이나 총알 같은 무기는 물론 식량이나 군복, 양말 등이 다 군수물자이지요.

생활에 필요한 다양한 물건이나 재료를 물자(物資)라고 합니다.

물자는 경제나 생활의 바탕이 되는 갖가지 물건을 이르는 말이지요.

이처럼 자(資)는 '물건' 또는 '재료'라는 뜻을 나타냅니다.

물자와 비슷한 말로 좀 더 큰 개념은 자원입니다.

자원(資源)은 경제 생활에 이용하는 여러 가지 원료가 되는 물건이지요. 원료뿐 아니라 물건을 만들어 내는 노동력이나 기술도 자원에 들어갑니다.

資 물건 자

■ **물자**(物물건 물 資)
생활에 필요한 다양한 물건이나 재료

■ **구호물자**
(救구할 구 護보호할 호 物資)
곤란에 처한 사람을 돕기 위해 보내는 물품

■ **군수 물자**
(軍군대 군 需 필요할 수 物資)
군대에서 필요한 물품 또는 전쟁에 필요한 물건

■ **자원**(資 源근원 원)
경제 생활에 이용하는 여러 가지 원료가 되는 물건

🔔 **자산**(資 産재산 산)은 토지, 건물, 돈 따위의 물자와 재산을 이르는 말입니다.

그런데 자원은 쓰고 또 써도 그대로일까요? 아니에요. 언젠가는 바닥이 나고 맙니다. 그래서 우리는 자원을 절약하면서 새로운 자원을 찾아내야 해요.

> 자원의 수나 종류를 새롭게 만들어 내는 것을 무엇이라고 할까요? (   )
>
> ① 자원 고갈   ② 자원 개발

정답은 ②번 자원 개발이지요.

자원 고갈은 한정된 자원을 거의 다 써서 자원이 매우 귀해지는 것을 말해요. 지금은 자원이 점점 고갈되고 있는 상태이지요.

우리나라는 다른 나라들에 비해 자원이 부족한 나라이기 때문에 자원 개발이 매우 중요해요.

자원 가운데 어떤 것을 만드는 데 기본적인 재료가 되는 자원을 자재(資材)라고 합니다.

음식을 만드는 데 필요한 재료는 식자재이지요. 양파, 당근, 생선, 콩나물 등이 모두 식자재에 들어가요. 그럼 건물을 만드는 데 필요한 재료는? 건축 ☐☐.

네, 건축 자재예요. 유리, 목재, 석재, 금속, 벽돌, 타일 등이죠.

원유나 원목, 철광석 같이 공업 생산의 원료가 되는 재료는 원자재라고 합니다. 우리나라는 원자재를 거의 해외에서 수입하고 있답니다. 그러니 더욱 물자를 절약해야겠지요?

■ 자원 개발

(資源 開열 개 發발전할 발)
자원의 수나 종류를 새롭게 만들어 내는 것

🔔 고갈(枯마를 고 渴목마를 갈)
돈이나 물건 따위가 거의 없어서 매우 귀해진다는 말입니다.

■ 자원 고갈

(資源 枯마를 고 渴목마를 갈)
한정된 자원을 거의 다 써서 자원이 매우 귀해지는 것

■ 자재(資 材재료 재)
어떤 것을 만드는 데 기본적인 재료가 되는 자원

■ 식자재(食먹을 식 資材)
음식을 만드는 데 필요한 재료

■ 건축 자재

(建세울 건 築쌓을 축 資材)
건물을 만드는 데 필요한 재료

■ 원자재(原근원 원 資材)
공업 생산의 원료가 되는 재료

장사나 사업을 하려면 밑천이 필요합니다. 이런 돈을 기본이 되는 돈, 즉 자본(資本)이라고 합니다. 이때 자(資)는 '비용'이나 '돈'을 뜻합니다.

그런데 자본에는 돈뿐 아니라 공장, 기계와 같은 생산 시설도 포함됩니다. 다시 말해서 상품을 만드는 데에 필요한 노동력, 기술, 시설, 돈 등을 통틀어 자본이라고 하는 겁니다. 그리고 자본을 가지고 있는 사람은 자본가, 자본가가 사업을 하여 이윤을 남길 수 있게 해주는 경제 체제가 자본주의입니다.

빈칸을 채우면서 자본의 모습이 어떻게 달라지는지 알아봅시다.

관청이나 정부 기관에 속하지 않은 민간 투자 자본은 민▢ ,

외국에서 투자하는 자본은 외▢ 입니다.

투▢ 는 어떤 일에 자본을 대는 일을 말합니다.

주식에 자본을 대면 주식 투자, 부동산에 자본을 대면 부동산 투자입니다. 그리고 이렇게 투자를 하는 사람을 ▢▢ 자라고 하지요.

완성된 낱말은 민자, 외자, 투자, 투자자이지요.

자금은 자본금과 같은 말입니다. 돈을 벌기 위한 목적으로 사업에 대는 돈을 말하지요. '결혼 자금', '선거 자금'과 같이 특정한 목적에 쓰는 돈을 뜻하기도 합니다.

군자금(軍資金)이란 군대나 전쟁에 필요한 돈을 말합니다. 어떤 일을 하는 데에 필요한 자금을 비유적으로 이를 때 쓰이기도 합니다.

資 돈 자

자본(資 本기본 본)
밑천이 되는 돈, 상품을 생산하는 데 필요한 노동력, 기술, 시설, 돈 등을 통틀어 이르는 말

자본가(資 本 家사람 가)
자본을 가지고 있는 사람

자본주의
(資 本 主주인 주 義생각 의)
자본가가 사업을 하여 이윤을 남길 수 있는 경제 체제

민자(民백성 민 資)
민간 투자 자본

외자(外외국 외 資)
외국에서 투자하는 자본, 외국 자본

투자(投던질 투 資)
어떤 일에 자본을 대는 일

투자자(投資 者사람 자)
투자하는 사람

자금(資 金돈 금)
사업에 대는 돈, 특정한 목적에 쓰는 돈 = 자본금

군자금
(軍군대 군 資金)
군대나 전쟁에 필요한 돈, 어떤 일을 하는 데에 필요한 자금을 비유적으로 이르는 말

🔔 출자(出낼 출 資)는 투자와 같은 말입니다. 증자(增늘릴 증 資)는 이미 투자된 자본을 더 늘리는 것입니다.

돈이나 물건은 생활을 지탱하는 바탕이 됩니다. 자(資)에는 '바탕'
이라는 뜻도 있어요.

위 그림의 빈칸에 들어갈 말은 무엇일까요?

네, 자질이에요. 자질(資質)이란 어떤 일을 하는 데 바탕이 되는 성
질입니다. 타고난 성품이나 소질을 말하지요. 자격(資格)은 자질
과 품격, 즉 일을 하는 데 필요한 조건이나 능력, 또는 신분이나 지
위를 뜻해요.

자격과 자질은 비슷한 말이지만 자격은 자질보다 구체적인 능력을
뜻해요. 그래서 자질 시험이나 자질증은 없어도 자격시험, 자격증
은 있는 거예요.

자료(資料)란 연구나 조사 따위의 바탕이 되는 재료를 말해요. 자
료를 모아 놓은 공간을 자료실 또는 자료관, 일정한 자료를 모아서
엮은 것을 자료집이라고 하고요. 도서관에 가거나 취재 등의 방법
으로 자료를 모으는 것은 자료 수집이라고 하지요.

資 **바탕 자**

■ **자질**(資 質성질 질)
바탕이 되는 성질 / 타고난 성
품이나 소질
■ **자격**(資 格품격 격)
일을 하는 데 필요한 조건이나
능력, 또는 신분이나 지위
■ **자격시험**
(資格 試시험 시 驗시험 험)
자격이 있는지 알아보거나 자
격을 주기 위해 치르는 시험
■ **자격증**(資格 證증서 증)
일정한 자격을 인정하여 주는
증서
■ **자료**(資 料재료 료)
연구나 조사 따위의 바탕이 되
는 재료
■ **자료실**(資料 室방 실)
자료를 모아 놓은 공간 = 자료
관
■ **자료집**(資料 集모을 집)
일정한 자료를 모아서 엮은 것
■ **자료 수집**
(資料 蒐모을 수 輯모을 집)
자료를 모으는 것

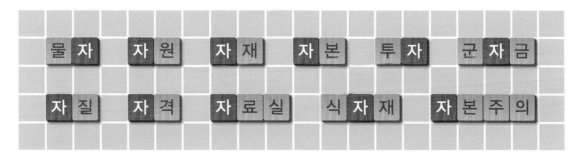

物件 자

물자
구호물자
군수 물자
자원
자산
자원 고갈
고갈
자원 개발
자재
식자재
건축 자재
원자재
자본
자본가
자본주의
민자

1 공통으로 들어갈 한자를 따라 쓰세요.

물
군 수 물
원

資
물건 자

원 개 발

본 가
식 재

2 어떤 낱말에 대한 설명인지 쓰세요.

1) 군대에서 필요한 물품 ➡ 군수 ☐☐

2) 공업 생산의 원료가 되는 재료 ➡ ☐☐☐

3) 자본가가 사업을 하여 이윤을 남길 수 있는 경제 체제 ➡ ☐☐ 주의

4) 일을 하는 데 필요한 조건이나 능력 ➡ ☐☐

5) 음식을 만드는 데 필요한 재료 ➡ ☐☐☐

3 알맞은 낱말을 찾아 문장을 완성하세요.

1) 아나바다 운동은 대표적인 ☐☐ 절약 운동이야.

2) 그는 그동안 저축해 두었던 돈으로 사업 ☐☐ 을 마련했어.

3) 나는 도서관에 ☐☐ 수집을 하러 갔다 올게.

4) 그게 대체 뭐길래 그렇게 시간을 많이 ☐☐ 하니?

5) 이 사업은 민자보다 외국에서 투자하는 ☐☐ 가 필요해.

4 문장에 어울리는 낱말을 골라 ○표 하세요.

1) 그 사람은 지도자로서 (자질 / 자금)이 부족해.

2) 사업을 하기 위해 (투자자 / 군자금)을(를) 찾고 있어.

3) 우리 회사에 들어오기 위해서는 많은 (자격증 / 자원)이 필요해요.

4) 집을 짓기 위해 건축 (자재 / 자료)를 사 왔어.

5 글자판의 각 칸에 있는 말을 [보기]의 낱말과 함께 쓸 때, 어울리지 **않는** 말을 모으면 어떤 말이 될까요?

식	원	내
가	실	집
관광	최고	개발

보기	자재
	자료
	자원

(   )

6 설명을 읽고, 알맞은 낱말을 연결하세요.

1) 군대나 전쟁에 필요한 돈   •   • 민자

2) 음식을 만드는 데 필요한 재료   •   • 식자재

3) 일정한 자격을 인정하여 주는 증서   •   • 자격증

4) 관청이나 정부 기관에 속하지 않은 민간 자본 •   • 군자금

외자

투자

투자자

자금

자본금

군자금

출자

증자

자질

자격

자격시험

자격증

자료

자료실

자료관

자료집

자료 수집

생물이 살아가는 생태계

아직은 평화로운 숲속의 **생태계**야!

지구에는 수많은 생물이 어울려 함께 살아가고 있어요. 생물이 태어나서 살아가는 모양이나 상태를 생태라고 하지요. 생태계란 생물들이 살아가는 모습이 복잡하게 얽혀 있는 환경을 말해요. 생태라는 낱말을 이루고 있는 '살아 있을 생(生)', '모양 태(態)'가 들어간 낱말들을 알아볼까요?

생(生)이 들어간 낱말

생물들은 서로 도우며 함께 살아가지요. 이것을 공생이라고 해요. 때로는 다른 생물에 붙어서 살기도 하는데, 이것을 기생이라고 해요.

생물 중에서 현미경으로나 볼 수 있는 아주 작은 생물을 미생물이라고 해요. 원래 살던 곳에서 다른 곳으로 이사 가는 생물도 있어요. 새로운 곳으로 이사 가서 잘 적응해서 사는 생물을 귀화 생물이라고 해요.

생태계에는 스스로 양분을 만드는 생산자,

식물이나 다른 생물을 먹고 사는 소비자,

죽은 동식물의 몸을 먹거나 분해하는 분해자가 있어요.

生	態
살아있을 생	모양 태

생물이 살아가는 모양이나 상태

■ **생태계**(生態系 체계 계)
생물들이 살아가는 모습이 복잡하게 얽혀 있는 환경

■ **공생**(共함께 공 生)
서로 도우며 함께 살아가는 것

■ **기생**(寄부칠 기 生)
다른 생물에 붙어서 사는 것

■ **미생물**
(微작을 미 生 物물건 물)
아주 작은 생물

■ **귀화 생물**
(歸돌아갈 귀 化될 화 生物)
다른 곳으로 이사 가서 잘 적응해서 사는 생물

■ **생산자**(生 産낳을 산 者것 자)

■ **소비자**
(消사라질 소 費쓸 비 者)

생태계에서 서로 먹고 먹히는 관
계가 사슬처럼 이어지는 것을 먹
이 사슬 또는 먹이 연쇄라고 해요.
먹이 사슬이 그물처럼 복잡하게
이루어져 있는 것은 먹이 그물,
피라미드 모양으로 이루어져 있
는 것은 먹이 피라미드예요.
생태계가 안정되어 평형을 유지
한 것을 생태계의 평형이라고 해

요. 먹이 피라미드의 단계를 통해 나쁜 물질이 최상위 단계에 있는
생물에 가장 많이 쌓이면 생태계가 파괴되는 거죠.

모습이라는 뜻의 태(態)가 들어간 낱말

원래의 모습이 변해서 달라진 상태를 변태 또는 탈바꿈이라고 해
요. 변태가 완전하게 이루어지면 완전 변태 또는 완전 탈바꿈이라
고 하고, 불완전하게 이루어지면 불완전 변태 또는 불완전 탈바꿈
이라고 해요. 곤충이 알, 애벌레, 번데기의 세 단계를 거쳐 어른벌
레가 되면 완전 변태, 번데기 단계가 없으면 불완전 변태라고 해요.
동물은 자신을 잡아먹는 천적으로부터 자신의 몸을 보호하기도 하
고, 자신이 먹고살기 위해 사냥을 하기도 해요. 이때 몸의 모양이나
색깔이 주위와 비슷하게 되는 현상을 의태라고 하고, 주위와 비슷
해지는 몸의 색깔을 보호색이라고 해요.

■ **분해자**(分나눌분 解풀해 者)
■ **먹이 사슬**
　생태계에서 서로 먹고 먹히는
　관계가 사슬처럼 이어지는 것
　= 먹이 연쇄
■ **먹이 그물**
■ **먹이 피라미드**
■ **생태계**(生態系)**의 평형**
　(平평평할평 衡저울대형)
　생태계가 안정되어 평형을 유
　지하는 것
■ **변태**(變변할변 態)
　원래의 상태가 변해서 달라진
　상태, 탈바꿈
■ **완전 변태**
　(完완전할완 全온전할전 變態)
■ **불완전 변태**
　(不아닐불 完全變態)
■ **의태**(擬비길의 態)
　몸의 모양이나 색깔이 주위와
　비슷하게 되는 현상
■ **보호색**
　(保지킬보 護도울호 色빛색)
　주위와 비슷해지는 몸의 색깔

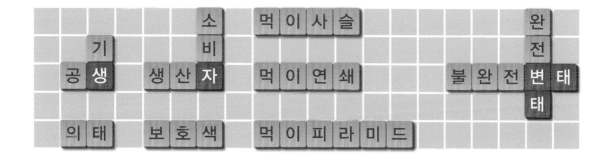

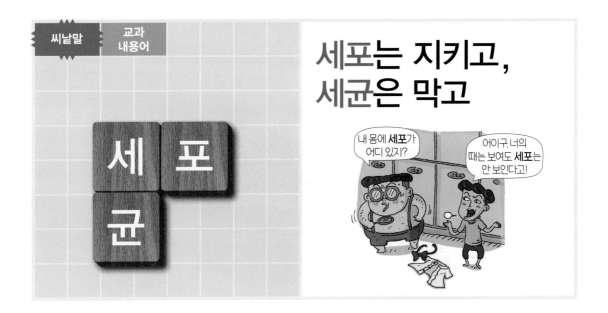

씨낱말 · 교과 내용어

세포는 지키고, 세균은 막고

내 몸에 **세포**가 어디 있지?

어이구, 너의 때는 보여도 **세포**는 안 보인다고!

우리 몸은 세포로 이루어져 있어요. 세포는 우리 몸을 이루는 아주 작은 부분으로, 생물체를 이루는 기본 단위예요.

현미경으로 자신의 손을 들여다보면 깜짝 놀랄 거예요. 세균이 우글우글하거든요. 세균은 생물체 가운데 가장 미세하고 가장 하등에 속하는 세포예요. 세포와 세균의 '세'는 '가늘 세(細)'이고, 세포의 '포'는 '세포 포(胞)'예요.

가늘다는 뜻의 세(細)가 들어간 낱말

"미세한 가루를 세밀하게 관찰해서 상세한 관찰 보고서를 썼어요." 라는 문장에서 미세하다는 아주 작다, 세밀하다는 자세하고 꼼꼼하다, 상세하다는 낱낱이 자세하다는 뜻이에요. 이때 세밀하다의 '세'는 가늘어서 자세하다는 뜻이지요.

우리 몸을 세부적으로 살펴볼까요? 세세한 부분까지 하나하나 살펴보는 거예요.

매우 가는 혈관은 모세 혈관이에요.

세포는, 세포에서 핵을 제외한 세포막 안의 부분인 세포질과 세포질을 둘러싸고 있는 막인 세포막으로 구성되어 있어요.

細	胞
가늘 세	세포 포

생물체를 이루는 기본 단위

- **세균**(細 菌세균 균)
생물체 가운데 가장 미세하고 가장 하등에 속하는 세포
- **미세**(微작을 미 細)**하다**
아주 작다
- **세밀**(細 密빽빽할 밀)**하다**
자세하고 꼼꼼하다
- **상세**(詳자세할 상 細)**하다**
낱낱이 자세하다
- **세부적**(細 部분류 부 的~의 적)
세세한 부분까지 하나하나 살펴보는 것
- **모세 혈관**(毛터럭 모 細 血피 혈 管대롱 관)
우리 몸의 매우 가는 혈관
- **세포질**(細 胞 質바탕 질)
세포에서 핵을 제외한 세포막 안의 부분

식물을 구성하는 세포는 식물 세포, 동물을 구성하는 세포는 동물 세포라고 해요.

식물 세포에서 가장 바깥쪽에 있는, 벽 같은 튼튼한 막을 세포벽이라고 해요.

또 단 하나의 세포로 이루어진 것은 단세포, 여러 개의 다양한 세포로 이루어진 것은 다세포예요.

세균이라는 뜻의 균(菌)이 들어간 낱말

우리 몸에 상처가 생기면 세균이 몸 안으로 들어올 수 있어요. 하지만 걱정하지 마세요. 우리 몸에 세균이 들어오면 피 속의 백혈구가 나타나서 세균을 꿀꺽 잡아먹거든요. 이렇게 세포가 몸 안에 있는 다른 세포를 잡아먹는 작용을 식세포 작용이라고 해요. 주로 세균을 잡아먹어서 식균 작용이라고도 하지요.

항상 손을 깨끗이 씻으라고 하죠? 왜냐하면 병균에 감염되지 않기 위해서랍니다. 병균은 병을 일으키는 균으로 병원균과 비슷한 뜻의 말이에요.

우유병은 우유를 먹을 때에 사용하는 것이니까 특히 살균 처리를 잘 해야 해요. 살균이란 세균을 죽이는 것을 말해요. 세균을 없앤다는 멸균과 비슷한 뜻의 말이에요. 균에 저항하는 것은 항균이라고 해요. 즉 세균의 침입을 막아 주는 거예요.

■ **세포막**(細胞 膜꺼풀 막)
세포질을 둘러싸고 있는 막

■ **식물 세포**(植심을 식 物물건 물 細胞)

■ **동물 세포**(動움직일 동 物細胞)

■ **세포벽**(細胞 壁벽 벽)
식물 세포의 가장 바깥쪽에 있는 막

■ **단세포**(單홀 단 細胞)

■ **다세포**(多많을 다 細胞)

■ **식세포 작용**(食먹을 식 細胞 作지을 작 用쓸용)
세포가 몸 안에 있는 다른 세포를 잡아먹는 작용

■ **식균 작용**(食먹을을식 菌作用)
세균을 잡아먹는 작용

■ **병균**(病병병 菌)
병을 일으키는 균

■ **병원균**(病병병 原근원 원 菌)
병의 근원이 되는 세균

■ **살균**(殺죽일살 菌)
세균을 죽이는 것

■ **멸균**(滅멸할 멸 菌)
세균을 멸하는 것

■ **항균**(抗겨룰 항 菌)
균에 저항하는 것

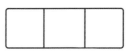

① [보기]의 낱말과 관련이 있고, 생물들이 살아가는 모습이 복잡하게 얽혀 있는 환경을 뜻하는 낱말을 쓰세요.

| 보기 | 미 생 물 | 먹 이 사 슬 |
| | 공 생 | 기 생 |

② 주어진 낱말을 넣어 문장을 완성하세요.

1)
| | 변 | |
| 생 | 태 | 계 |

생물들이 살아가는 모습이 복잡하게 얽혀 있는 환경은 ☐☐☐, 원래의 상태가 변해서 달라진 상태는 ☐☐이다.

2)
| | 기 |
| 공 | 생 |

서로 도우며 함께 살아가는 것은 ☐☐, 다른 생물에 붙어서 사는 것은 ☐☐이다.

3)
		미
		생
귀	화	생	물

다른 곳으로 이사 가서 잘 적응해서 사는 생물은 ☐☐ ☐☐, 아주 작은 생물은 ☐ ☐☐이다.

③ 문장에 어울리는 낱말을 골라 ○표 하세요.

1) 오리는 벼에 붙어 (공생 / 기생)하는 나쁜 벌레를 잡아먹어.

2) 먹이 피라미드의 맨 밑에는 스스로 양분을 만드는 (소비자 / 생산자)가 있어.

생태
생태계
공생
기생
미생물
귀화 생물
생산자
소비자
분해자
먹이 사슬
먹이 연쇄
먹이 그물
먹이 피라미드
생태계의 평형
변태
완전 변태
불완전 변태
의태
보호색

1 공통으로 들어갈 낱말을 쓰세요.

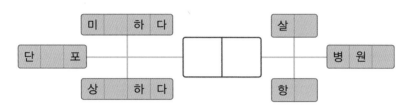

세포
세균
미세하다
세밀하다
상세하다
세부적
모세 혈관
세포질
세포막
식물 세포
동물 세포
세포벽
단세포
다세포
식세포 작용
식균 작용
병균
병원균
살균
멸균
항균

2 주어진 낱말을 넣어 문장을 완성하세요.

1) 미 세
　　밀

아주 작은 것은 □□하다, 자세하고 꼼꼼한 것은 □□하다.

2) 　　다
　　세
단 세 포

단 하나의 세포로 이루어진 것은 □□□, 여러 개의 다양한 세포로 이루어진 것은 □□□ 이다.

3) 　병
살 균

세균을 죽이는 것은 □□, 병을 일으키는 균은 □□이다.

3 문장에 어울리는 낱말을 골라 ○표 하세요.

1) 미술관을 잘 찾아갈 수 있도록 (미세 / 상세)한 약도를 그려 줘.

2) 백혈구는 몸 안에 들어온 세균을 잡아먹는 (식균 작용 / 살균 작용)을 해.

4 예문에 어울리는 낱말을 써 넣으세요. [과학]

우리 몸을 이루는 아주 작은 단위는 □□이다. □□ 안에서 가장 중요한 부분은 핵이고, 핵을 제외한 부분은 □□이다. 세포질은 □□□으로 둘러싸여 있다.

국회에서 새 법이 만들어져요

여의도에 있는 둥그런 지붕의 집을 본 적이 있나요? 바로 국회 의사당이에요. 이곳에서 국민의 대표로 법을 만드는 기관인 국회가 열려요. '나라 국(國)'과 '모임 회(會)'가 만나 만들어진 말이지요. 국가, 즉 나라의 질서가 잘 유지되려면 법이 필요해요.

국회 의원들이 모여서 일하는 국회

국회에서는 국민의 대표인 국회 의원들이 모여서 일해요.
국회 의원은 국회를 이루는 의원으로, 국민이 투표해서 뽑아요.
국회는 정기 국회와 임시 국회가 있어요.
정기 국회는 해마다 한 번씩 정기적으로 열리는 국회,
임시 국회는 필요에 따라 임시로 열리는 국회예요.
제헌 국회란 말도 있는데 대한민국 정부가 세워지기 전 처음으로 헌법을 만든 우리나라의 초대 국회를 말해요.
상임 위원회는 국회에서 다루는 일들을 여러 전문 분야로 나누어 만든 기관이에요. 전문 지식과 경험을 갖춘 국회 의원으로 구성되어 있어요. 상임 위원회에서는 국회에서 다룰 여러 법의 내용을 미리 검토해요.

國 나라 국 **會** 모임 회

국민의 대표로 법을 만드는 기관 / 국가 기관의 의회

- **국회 의사당**(國나라 국 會모임 회 議의논할 의 事일 사 堂집 당)
  국회가 열리는 건물
- **국회 의원**(國會議員인원 원)
  국회를 이루는 의원
- **정기 국회**
  (定정할 정 期기약할 기 國會)
- **임시 국회**
  (臨임할 임 時때 시 國會)
- **제헌 국회**
  (制지을 제 憲법 헌 國會)
- **상임 위원회**(常항상 상 任맡길 임 委맡길 위 員會)
  국회에서 다루는 일들을 여러 전문 분야로 나누어 만든 기관

나라 살림 감시하고 투표하는 국회

국회에서는 무슨 일을 할까요? 국회는 해마다 정부가 나라 살림을 잘하고 있는지 감시하는 국정 감사를 해요.

국정 감사 때가 되면 온 나라가 들썩들썩하지요. 필요할 때에는 국정 조사를 하기도 해요. 국회가 정부의 일을 직접 조사하는 거예요.

국회는 국정 감사나 국정 조사를 할 때에 정보를 최대한 많이 모아 사실을 밝히기 위하여 온갖 노력을 해요.

관련된 사람을 증인이나 참고인으로 불러 궁금한 것을 물어보고 답을 들을 수 있는 청문회,

국민들의 큰 관심을 받거나 사회에 큰 영향을 미치는 문제에 대해서는 공개적으로 국민이나 전문가의 의견을 듣기도 하는 공청회,

국회 의원 모두가 참여하는 본회의,

국회 의원들은 본회의에서 표결을 하여 새로운 법을 정할지 정하지 않을지 의결해요.

표결은 투표하여 결정하는 것이고, 의결은 의논하여 결정하는 것이에요. 즉 표결을 하여 그 결과로 의결하는 것이랍니다.

표결 결과, 이것으로 새 법이 확정되었습니다.

국정 감사(國 政정사 정 監볼 감 査조사할 사)
정부가 나라 살림을 잘하고 있는지 감시하는 것

국정 조사
(國政 調고를 조 査)
국회가 정부의 일을 직접 조사하는 것

청문회
(聽들을 청 聞들을 문 會)
국정 감사나 국정 조사를 할 때 어떤 문제에 대하여 물어보고 답을 듣는 모임

공청회
(公공평할 공 聽들을 청 會)
공개적으로 국민이나 전문가의 의견을 듣는 모임

본회의(本근본 본 會議)
국회 의원 모두 참여하는 회의

표결(票표 표 決결단할 결)
투표하여 결정하는 것

의결(議決)
의논하여 결정하는 것

국	회	의	원		임			국	정	감	사			
회					시								의	
의				정	기	국	회	국	정	조	사		표	결
사						회								
당								공	청	회		청	문	회

씨낱말 교과 내용어

나에게도 권리가 있다고요!

나에게는 더 잘 수 있는 **권리**가 있다고요!

엄마에게는 아침밥을 먹여야 하는 의무가 있어!

왈 왈

아침마다 어머니와 이런 실랑이를 벌인 적이 있나요? 부모님의 권력을 함부로 쓰시는 것 아니냐고요? 목소리를 높여 자신의 권리를 주장하는 것도 좋지만 늦잠꾸러기는 되지 마세요.

권리는 '권리 권(權)', '이로울 리(利)'가 만나 만들어진, 어떤 일을 하거나 누릴 수 있는 힘이나 자격이라는 뜻의 말이에요. '권리 권(權)', '힘 력(力)'이 합쳐진 권력은 남을 다스릴 수 있는 권리와 힘이고요. 두 낱말에 쓰인 권(權)은 '권리' 또는 '권력'이라는 뜻이에요.

기본적인 권리로 쓰이는 낱말

권(權)을 말끝에 쓰면 여러 가지 권리를 나타내는 낱말이 돼요. 빈칸에 '권'을 넣어 알아볼까요?

사람답게 살 권리이자 사람이 가지는 기본적인 권리는 인▢.
인권에 대하여 세계적으로 선언한 것은 세계 인▢ 선언으로, 1948년에 열린 국제 연합 총회에서 자유로울 권리, 차별받지 않을 권리, 일할 권리 등의 인권을 구체적으로 선언한 것이에요.
모든 사람에게는 인간이 태어날 때부터 가지고 있는 기본적인 권리인 기본▢이 있어요.

權 권리 권 / 利 이로울 리

어떤 일을 하거나 누릴 수 있는 힘이나 자격

● **권력**(權 力힘력)
남을 다스릴 수 있는 권리와 힘
● **인권**(人사람 인 權)
사람이 가지는 기본적인 권리
● **세계 인권 선언**(世인간 세 界지경 계 人權 宣배풀 선 言말씀 언)
인권에 대한 세계적 선언
● **기본권**(基기본 기 本근본 본 權)
인간이 태어날 때부터 가지고 있는 기본적인 권리

기본권에는 간섭받지 않고 자유롭게 행동하고 생각할 수 있는 권리인 자유▢,

누구든지 차별받지 않을 권리인 평등▢,

인간답게 살기 위하여 나라에 요구할 수 있는 권리인 사회▢,

나라에 어떤 일을 해 달라고 청구할 수 있는 권리인 청구▢,

정치에 참여할 수 있는 권리인 참정▢ 등이 있어요.

특별한 권리로 쓰이는 낱말

기본권 외에 특별한 권리를 나타내는 낱말도 있어요. 디자이너가 새로 만든 디자인에 대하여 가지는 권리를 의장권이라고 해요. 의장이란 물건에 표현되어 눈으로 보았을 때에 아름다움을 느끼게 하는 것이에요.

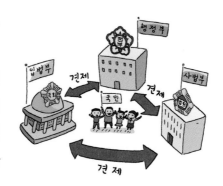

특허권이라는 말을 들어 본 적은 있나요? 새로운 물건이나 기술을 개발하여 특허에 대한 권리를 특허권이라고 해요.

국가의 권력이 한곳에 집중되면 함부로 사용될 수 있어요. 그래서 국가의 권력을 셋으로 나누어 놓았어요. 법을 만드는 기관인 입법부, 법을 맡아 적용하는 기관인 사법부,

나라의 살림을 맡아 하는 기관인 행정부.

이를 삼권 분립이라고 해요. 세 개의 권력으로 나누어 서게 한다는 뜻이에요.

자유권
(自 스스로 자 由 말미암을 유 權)
자유롭게 행동하고 생각할 수 있는 권리

■ **평등권**(平 평평할 평 等 무리 등 權)
누구든지 차별받지 않을 권리

■ **사회권**(社 모일 사 會 모일 회 權)
인간답게 살기 위하여 나라에 요구할 수 있는 권리

■ **청구권**(請 청할 청 求 구할 구 權)
나라에 청구할 수 있는 권리

■ **참정권**(參 참여할 참 政 정사 정 權)
정치에 참여할 수 있는 권리

■ **의장권**(意 뜻 의 匠 장인 장 權)
새로 만든 디자인에 대하여 가지는 권리

■ **특허권**(特 특정할 특 許 허가할 허 權)
특허에 대한 권리

■ **입법부**(立 설 입 法 법 법 府 기관 부)
법을 만드는 기관

■ **사법부**(司 맡을 사 法 府)
법을 맡아 적용하는 기관

■ **행정부**(行 행할 행 政 府)
나라의 살림을 맡아 하는 기관

■ **삼권 분립**
(三 석 삼 權 分 나눌 분 立)
국가의 권력을 셋으로 나누어 서로 견제하게 하는 것

씨낱말
블록 맞추기

국 회

1 설명을 읽고, 알맞은 낱말을 쓰세요.

국민의 대표로 법을 만드는 기관 → ☐☐

2 주어진 낱말을 넣어 문장을 완성하세요.

1)

	임
	시
	국
정 기 국	회

해마다 한 번씩 정기적으로 열리는 국회는 ☐ ☐ ☐☐, 필요에 따라 임시로 열리는 국회는 ☐☐ ☐☐이다.

2)

	공
	청
청 문	회

국정 감사나 국정 조사를 할 때 증인이나 참고인을 불러 궁금한 것을 물어보고 답을 듣는 모임은 ☐☐ ☐, 공개적으로 국민이나 전문가의 의견을 듣는 모임은 ☐☐☐이다.

3)

	의
표	결

투표하여 결정하는 것은 ☐☐, 의논하여 결정하는 것은 ☐☐이다.

3 문장에 어울리는 낱말을 골라 ○표 하세요.

1) 교육과 관련된 법은 교육 (상임 위원회 / 제헌 국회)에서 미리 검토해.

2) 국회는 해마다 정부가 나라 살림을 잘하고 있는지 감시하는 (국정 감사 / 국정 조사)를 해.

3) 그 국회 의원은 국정 감사 때 관련된 사람을 증인이나 참고인으로 불러 질문하는 (청문회 / 공청회)를 통해 이름이 널리 알려졌어.

4) 내일은 국회 의원 모두가 참석하는 (본회의 / 임시 국회)가 열릴 예정입니다.

국회
국회 의사당
국회 의원
정기 국회
임시 국회
제헌 국회
상임 위원회
국정 감사
국정 조사
청문회
공청회
본회의
표결
의결

씨낱말
블록 맞추기

권 리
력

1 설명을 읽고, 알맞은 낱말을 쓰세요.

1) 어떤 일을 하거나 누릴 수 있는 힘이나 자격 → ☐☐

2) 남을 다스릴 수 있는 권리와 힘 → ☐☐

2 주어진 낱말을 넣어 문장을 완성하세요.

1)
	기	
	본	
인	권	

사람답게 살 권리는 ☐☐, 인간이 태어날 때부터 가지고 있는 기본적인 권리는 ☐☐☐ 이다.

2)
	자	
	유	
평	등	권

누구든지 차별받지 않을 권리는 ☐☐☐, 법적 제한 안에서 간섭받지 않고 자유롭게 행동하고 생각할 수 있는 권리는 ☐☐☐ 이다.

3)
	사	
	회	
청	구	권

나라에 어떤 일을 해 달라고 청구할 수 있는 권리는 ☐☐☐, 인간답게 살기 위하여 나라에 요구할 수 있는 권리는 ☐☐☐ 이다.

3 문장에 어울리는 낱말을 골라 ○표 하세요.

1) 우리는 피부색, 종교 등에 차별받지 않을 (평등권 / 자유권)이 있어.

2) 한 나라의 국민으로서 정치에 참여할 수 있는 권리는 (청구권 / 참정권)이야.

3) 이 디자인에 대한 (의장권 / 기본권)은 디자인을 창작하고 등록한 디자이너에게 있어.

권리

권력

인권

세계 인권 선언

기본권

자유권

평등권

사회권

청구권

참정권

의장권

특허권

입법부

사법부

행정부

삼권 분립

날짜를 보면 떠오르는 역사적 사건들

3·1 운동

대한 독립 만세! 일본은 물러가라!

독립 선언문

1919년 3월 1일에 3·1 운동이 일어났어요.
수많은 사람들이 거리로 뛰쳐나와 일본의 지배에 대항하여 우리나라의 독립을 목청껏 외쳤어요.
이렇게 역사적인 사건의 이름을 붙일 때에 그 사건이 일어난 날짜를 붙이는 경우가 많아요.

해방, 전쟁과 관련된 사건들

1926년 6월 10일에 일어난 6·10 만세 운동.
그날은 대한 제국의 마지막 황제인 순종의 장례일이었어요.
나라의 황제를 잃은 사람들은 3·1 운동 이후 한풀 꺾였던 마음이 되살아나 일본에 더욱 맞서 싸우게 되었지요.
1945년 8월 15일에 맞이한 8·15 광복.
광복은 빛을 되찾는다는 뜻으로 일본의 지배를 받았던 어두운 때를 벗어나 나라를 되찾았다는 의미예요.
1948년 5월 10일 대한민국 정부를 수립하기 위한 5·10 총선거.
나라를 되찾은 우리나라가 처음 한 일이에요.
하지만 광복과 정부 수립의 기쁨도 잠시.

3 · 1 運動
삼 일 움직일 운 움직일 동

일제 강점기에 일본에 항거하여 일으킨 비폭력 만세 운동

■ 6·10 만세 운동(萬 일만 만 歲 해 세 運動)
1926년 고종 황제의 장례일에 일어난 만세 운동

■ 8·15 광복(光 빛 광 復 회복할 복)
1945년 8월 15일에 빼앗긴 나라의 주권을 도로 찾아온 일

■ 5·10 총선거(總 다 총 選 가릴 선 擧 들 거)
1948년 광복 후 우리나라가 대한민국 정부를 수립하기 위해 실시한 남한만의 총선거

1950년 6월 25일에 시작된 6·25 전쟁.
우리나라는 남한과 북한으로 나뉘어 전쟁을 하게 되었어요. 한국에서 일어났기 때문에 한국 전쟁이라고도 불리는 6·25 전쟁은 1953년까지 이어지면서 우리 민족을 큰 슬픔에 빠뜨렸지요.

민주주의와 관련된 사건들

1953년에 전쟁은 끝났지만 이승만 정부가 정권을 독차지하면서 나라가 혼란에 빠졌어요.
1960년 4월 19일, 자유 민주주의를 향한 외침인 4·19 혁명.
학생과 시민들이 대통령은 물러나라고 소리 높여 외쳤어요.

같은 민족끼리 총부리를 겨누고 싸워야 하다니!

4·19 혁명은 시민의 힘으로 독재 정권을 무너뜨린 역사적 사건이지요.
1961년 5월 16일 군인들이 정권을 잡은 5·16 군사 정변.
이 사건으로 박정희가 대통령이 되면서 군사 정부가 수립되었어요.
군사 정부는 거의 20년 동안 유지되었어요.
1979년 10월 26일에는 박정희 대통령을 살해한 10·26 사태가 일어났어요. 또다시 혼란해진 정치 상황을 틈타 군인들이 정권을 잡자, 사람들은 민주주의를 부르짖으며 거리로 나왔어요.
1980년 5월 18일에는 광주에서 5·18 민주화 운동이 일어났어요.
많은 사람들이 군인들에 맞서 민주화를 외치다 죽었어요.

6·25 전쟁(戰싸울 전 爭다툴 쟁)
1950년 6월 25일부터 1953년까지 같은 민족인 남한과 북한이 싸운 전쟁 / 한국 전쟁

4·19 혁명(革고칠 혁 命목숨 명)
1960년 시민의 힘으로 독재 정치를 물리친 민주주의 혁명

5·16 군사 정변(軍군사 군 事일 사 政정사 정 變변할 변)
1961년 5월 16일 군인들이 정권을 잡은 일

10·26 사태(事 態모습 태)
1979년 10월 26일 김재규가 박정희 대통령을 살해한 사건

5·18 민주화 운동(民백성 민 主주인 주 化될 화 運動)
1980년 광주시민과 전라남도민이 중심이 되어 전개한 민주화운동

5·16	군	사	정	변		6·10	만	세	운	동		4·19	혁	명
8·15	광	복				5·10	총	선	거			10·26	사	태

무서운 전쟁, 전투는 이제 그만!

으앙, 전쟁은 무서워!

국가와 국가, 또는 군대를 거느린 단체 사이에서 군사의 힘으로 싸우는 것을 전쟁이라고 해요. 이와는 달리 두 편의 군대가 무기를 들고 싸우는 것을 전투라고 해요. 전쟁과 전투에 쓰인 전(戰), 쟁(爭), 투(鬪) 세 글자에는 '싸우다', '다투다'라는 뜻이 담겨 있어요.

전쟁이 들어간 낱말

임진왜란은 임진년인 1592년에 왜나라인 일본이 우리나라를 침입해 일으킨 전쟁이고, 병자호란은 병자년인 1636년에 오랑캐인 청이 우리나라를 침입한 전쟁이에요. 임진왜란과 병자호란은 난리를 일으켰다는 뜻으로 끝에 '어지러울 란(亂)'을 붙여 만들어진 낱말이에요. 다른 나라의 전쟁을 알아볼까요?

1894년부터 1895년에는 청과 일본이 중간에 위치한 조선을 서로 지배하겠다며 싸웠어요. 이 전쟁은 청과 일본 사이에 일어난 전쟁이라 하여 청일 전쟁이라고 하지요.

1904부터 1905년에는 러시아와 일본이 한반도와 만주를 서로 지배하겠다며 전쟁을 벌였어요. 러시아와 일본 사이에 일어난 전쟁이니까 러일 전쟁이 된 거예요.

戰 싸울 전	爭 다툴 쟁
국가와 국가, 또는 군대를 거느린 단체가 군사의 힘으로 싸우는 것	

■ **전투**(戰 鬪싸울 투)
두 편의 군대가 무기를 들고 싸우는 것

■ **임진왜란**
(壬아홉 째 천간 임 辰십이지의 다섯째 글자 진 倭왜나라 왜 亂어지러울 란)

■ **병자호란**
(丙셋째 천간 병 子십이지의 첫째 글자 자 胡오랑캐 이름 호 亂)

■ **청일 전쟁**
(淸나라 이름 청 日날 일 戰爭)

■ **러일 전쟁**
(Russia 日戰爭)

제1차 세계 대전은 1914년부터 1918년까지 있었던 거의 모든 국가들이 편을 나누어 싸운 전쟁이고, 제2차 세계 대전은 1939년부터 1945년까지 있었던 세계적인 큰 전쟁이에요.

제2차 세계 대전 때 일본과 연합국 사이에 벌어진 전쟁은 태평양 전쟁이라고 해요. 태평양 전쟁은 일본이 태평양에 있는 하와이의 진주만을 기습 공격하면서 시작되었고, 일본이 항복하면서 끝났어요.

전투가 들어간 낱말

공산 전투는 927년 대구 팔공산에서 일어난 고려와 후백제 사이의 전투이고,

처인성 전투는 1232년 고려 시대 때 경기도 처인성에서 몽골의 침입에 맞서 큰 승리를 거둔 전투예요.

봉오동 전투는 1920년 홍범도가 이끈 대한 독립군이 만주 봉오동에서 일본군을 물리친 전투예요.

독립군이란 우리나라가 일본에게 빼앗긴 국권을 찾기 위해 조직한 군대를 말해요.

한국의 광복을 위해 일본에 대항한 군대는 한국광복군이에요.

이성계가 위화도에서 회군하여 정권을 잡게 되는 역사적 사건은 위화도 회군이에요.

제1차 세계 대전
(第차례제 一한일 次버금차 世인간세 界세계계 大클대 戰)
제2차 세계 대전
(第 二두이 次世界大戰)
태평양 전쟁(太클태 平평평할평 洋큰바다양 戰爭)
공산 전투
(公공평할공 山뫼산 戰鬪)
처인성 전투(處곳처 仁어질인 城성성 戰鬪)
봉오동 전투(鳳봉새봉 梧오동나무오 洞골짜기동 戰鬪)
독립군
(獨홀로독 立설립 軍군사군)
우리나라가 일본에게 빼앗긴 국권을 찾기 위해 조직한 군대
한국광복군
(韓한국한 國나라국 光빛광 復회복할복 軍군사군)
한국의 광복을 위해 일본에 대항한 군대 = 광복군
위화도 회군(威위엄위 化될화 島섬도 回돌아올회 軍)
이성계가 위화도에서 회군하여 정권을 잡게 되는 사건

1 다음 설명에 해당하는 역사적 사건을 쓰세요.

1919년 3월 1일 일본의 지배에 대항
하여 우리나라의 독립을 외친 일   →   [   ] [ ] [ ]

2 다음 설명에 해당하는 낱말을 [보기]에서 골라 써넣으세요.

보기   6·10 만세 운동   8·15 광복   4·19 혁명

1) 대한 제국의 마지막 황제 순종의 장례일인 1926년 6월 10일에 일어난

만세 운동은 [   ] [ ][ ] [ ][ ]이야.

2) 일본의 지배를 받았던 어두운 때를 벗어나 1945년 8월 15일에 나라를

되찾은 일은 [   ] [ ][ ]이라고 불러.

3) 1960년 4월 19일, 시민의 힘으로 독재 정권을 무너뜨리고 자유 민주주

의를 되찾은 사건을 [   ] [ ][ ]이라고 해.

3 문장에 어울리는 낱말을 골라 ○표 하세요.

1) 우리나라가 남북으로 나뉘어 싸운 전쟁은 (6·25 전쟁 / 5·16 군사 정

변)이야.

2) 1960년 4월 19일, 이승만 정부의 독재에 맞서 (4·19 혁명/ 10·26 사

태)이(가) 일어났어.

3) 민주주의에 대한 뜨거운 마음으로 1980년 5월 광주에서 (5·18 민주화

운동 / 5·10 총선거)이(가) 일어났어.

| 3·1 운동 |
| 6·10 만세 운동 |
| 8·15 광복 |
| 5·10 총선거 |
| 6·25 전쟁 |
| 4·19 혁명 |
| 5·16 군사 정변 |
| 10·26 사태 |
| 5·18 민주화 운동 |

1 다음 설명에 해당하는 역사적 사건을 쓰세요.

1592년 임진년에 왜나라인 일본이
우리나라에 침입해 일으킨 전쟁 → ☐ ☐ ☐ ☐

2 주어진 낱말을 넣어 문장을 완성하세요.

1) | 러 | 일 | 전 | 쟁 |
  | | | 투 | |

러시아와 일본 사이에 일어난 전쟁은 ☐☐
☐☐ , 두 편의 군대가 무기를 들고 싸우는 것
은 ☐☐ 이다.

2) | | | 청 |
		일
		전
태	평	양	전	쟁

제2차 세계 대전 때 일본과 연합국 사이에 벌
어진 전쟁은 ☐☐☐ ☐☐ ,
청과 일본 사이에 일어난 전쟁은 ☐☐
☐☐ 이다.

3) | | | 공 |
		산
		전
처	인	성	전	투

고려 시대 때 처인성에서 몽골의 침입에 맞서
싸운 전투는 ☐☐☐ ☐☐ ,
927년 공산에서 일어난 고려와 후백제 사이
의 전투는 ☐☐ ☐☐ 이다.

3 문장에 어울리는 낱말을 골라 ○표 하세요.

1) 1939년부터 1945년까지 있었던 세계적인 큰 전쟁은 (제2차 세계 대전
   / 태평양 전쟁)이야.

2) 3·1 운동 이후 일본군과 맞서 싸운 (독립군 / 위화도 회군) 덕분에 우리
   나라는 독립을 할 수 있었어.

전쟁

전투

임진왜란

병자호란

청일 전쟁

러일 전쟁

제1차
세계 대전

제2차
세계 대전

태평양 전쟁

공산 전투

처인성 전투

봉오동 전투

독립군

한국광복군

광복군

위화도 회군

기둥이 있는 **각기둥**,
뿔이 있는 **각뿔**

피라미드는 **각뿔**이라네.

과자가 들어 있는 과자 상자는 밑면도 사각형, 옆면도 사각형이에요.
이런 도형은 각기둥!
그럼 이집트의 피라미드는요? 피라미드의 밑면은 사각형이고 옆면은
삼각형이에요. 이렇게 뾰족한 뿔 모양의 입체 도형은 각뿔이에요.

각기둥을 구성하는 낱말

각기둥이란 위와 아래에 있는 면이 서로 평행이고, 합동인 다각형
으로 이루어졌으며, 옆면이 모두 직사각형인 입체 도형이에요.
각기둥에서 서로 평행이어서 만날 수 없는 두 면을 밑면이라고 해
요.
각기둥의 이름은 밑면의 모양에 따라 정해져요.
밑면이 삼각형이면 삼각기둥, 사각형이면 사각기둥이에요.
각기둥의 옆면은 언제나 직사각형이고요. 옆면의 개수는 밑면을 이
루고 있는 다각형의 변의 개수와 똑같아요.
삼각기둥은 밑면이 삼각형이니까 옆면의 개수가 3개예요. 사각기
둥은 사각형이니까 4개, 오각기둥은 오각형이니까 5개가 되지요.
겉넓이는 입체 도형을 이루고 있는 겉면의 넓이를 말해요. 각기둥

角 뿔각 **기** **둥**

위와 아래에 있는 면이 서로
평행이고, 합동인 다각형으로
이루어졌으며, 옆면이 모두
직사각형인 입체 도형

■ **밑면**(面 평면 면)
각기둥에서 서로 평행이라서
절대 만날 수 없는 두 면
■ **삼각**(三석삼 角)**기둥**
밑면이 삼각형인 각기둥
■ **사각**(四넉사 角)**기둥**
밑면이 사각형인 각기둥
■ **겉넓이**
입체 도형을 이루고 있는 겉면
의 넓이

의 겉넓이란 각기둥 겉면의 넓이예요. 각기둥의 밑면과 옆면의 넓이를 모두 합하면 각기둥의 겉넓이를 알 수 있지요.

각기둥의 부피는 각기둥이 차지하는 공간의 크기예요.

각기둥은 입체 도형이지만 각기둥의 모서리를 자르면 평면에 펼쳐 놓을 수 있지요.

각기둥의 전개도는 각기둥의 모서리를 잘라서 평면 위에 펼쳐 놓은 그림이에요.

각뿔을 구성하는 낱말

각뿔은 밑면이 다각형이고, 옆면이 삼각형인 입체 도형이에요. 모든 옆면이 만나는 한 점을 각뿔의 꼭짓점이라고 해요.

각뿔도 각기둥처럼 밑면의 모양에 따라 이름이 정해져요.

밑면이 삼각형인 각뿔은 삼각뿔, 밑면이 사각형인 각뿔은 사각뿔이에요.

하지만 맨 꼭대기에서 한 점으로 모이기 때문에 옆면의 모양은 사각형이 아니라 언제나 삼각형이에요.

각뿔의 겉넓이는 각뿔을 이루고 있는 모든 면의 넓이이고, 각뿔의 부피는 각뿔이 차지하는 공간의 크기예요.

각뿔의 전개도도 각기둥과 마찬가지로 각뿔의 모서리를 잘라서 평면 위에 펼쳐 놓은 그림이에요.

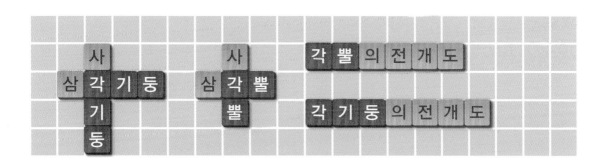

단어를 분류해 보아요

글을 읽다 보면 여러 종류의 단어들이 나와요. 단어를 기능, 형태, 의미에 따라 나눈 갈래를 품사라고 해요. 품사는 '종류 품(品)', '말 사(詞)'로 이루어진 낱말이에요.

品 종류 품	詞 말 사
단어를 기능, 형태, 의미에 따라 나눈 갈래	

명사(名 이름 명 詞)
사람이나 사물의 이름을 나타내는 말

형용사(形 모양 형 容 얼굴 용 詞)
상태나 성질을 나타내는 말

동사(動 움직일 동 詞)
움직임을 나타내는 말

수사(數 셈 수 詞)
사물의 수량이나 순서를 나타내는 말

조사(助 도울 조 詞)
다른 말에 붙어 도와주는 말

대명사(代 대신할 대 名 詞)
사람이나 사물, 장소의 이름을 대신하여 나타내는 말

의미에 따라 나눈 단어들

정호는 빨간 사과를 하나 먹었어요.
명사 조사 형용사 명사 조사 수사 동사

정호는 사람의 이름, 딸기는 사물의 이름으로 모두 명사예요. 명사는 이름을 나타내는 말이에요.
'빨간(빨갛다)'은 상태나 성질을 나타내는 말인 형용사이고, '먹었어요(먹다)'는 움직임을 나타내는 말인 동사예요.
'하나'는 수사예요. 수사는 사물의 수량이나 순서를 나타내는 말이에요. '는', '를'은 다른 말에 붙어 도와주는 역할을 하는 말인 조사예요.

그는 새 옷을 입고 활짝 웃었어요.
대명사 관형사 부사

‘그’는 대명사예요. 대명사는 사람이나 사물, 장소의 이름을 대신하여 나타내는 말이에요.

‘새’는 관형사, ‘활짝’은 부사예요. 관형사는 명사나 대명사, 수사를, 부사는 주로 형용사나 동사를 꾸며 주지요.

와! 품사의 종류가 정말 많네요. ‘와’는 감탄사예요.

문장 속에서의 역할

나는 푸른 하늘을 오래 쳐다보았어요.
주어　관형어　목적어　부사어　서술어

문장 성분은 문장을 구성하는 단위를 말하는데, 그 종류마다 ‘말 어(語)’가 붙어요.

주어는 문장에서 주가 되는 말이에요. 서술어는 주어의 움직임, 상태나 성질 등을 서술하는 말이에요.

관형어는 주로 주어나 목적어를, 부사어는 주로 서술어를 꾸며 주지요.

목적어는 목적이나 동작의 대상이 되는 말이에요.

보어는 보충해 주는 말이에요.

이제 문장 성분에 대해 알겠죠?

“네, 잘 알았어요.”

이때 ‘네’는 독립어예요.

관형사(冠갓관 形詞)

부사(副버금부 詞)

감탄사(感느낄감 歎탄식할탄 詞)

놀람이나 느낌, 부름, 응답 등을 나타내는 말

문장 성분(文글월문 章글장 成이룰성 分나눌분)

문장을 구성하는 단위

주어(主주인주 語)

문장에서 주가 되는 말 / ‘누가’, ‘무엇이’에 해당하는 부분

서술어(敍펼서 述펼술 語)

주어의 움직임, 상태나 성질 등을 서술하는 말 / ‘어떠하다’, ‘어찌하다’에 해당하는 부분

관형어(冠形語)

부사어(副詞語)

목적어(目눈목 的과녁적 語)

목적이나 동작의 대상이 되는 말 / ‘누구를’, ‘무엇을’에 해당하는 부분

보어(補기울보 語)

보충해 주는 말

독립어(獨홀로독 立설립 語)

문장 안에서 독립적으로 쓰는 말

품사	명사	대명사	형용사	동사
부사	수사	조사	관형사	감탄사

1 설명을 읽고, 알맞은 낱말을 쓰세요.

1) 위와 아래에 있는 면이 서로 평행이고, 합동인 다각형으로 이루어져 있으며, 옆면이 모두 직사각형인 입체 도형 → ☐ ☐ ☐

2) 밑면은 사각형이고 옆면은 삼각형이 뾰족한 뿔 모양의 입체 도형 → ☐ ☐

2 다음 설명에 해당하는 낱말을 [보기]에서 골라 써넣으세요.

보기 | 전개도   부피   각기둥   각뿔

1) 위와 아래에 있는 면이 서로 평행이고, 합동인 다각형으로 되어 있는 입체 도형은 ☐ ☐ ☐ 이야.

2) 밑면이 다각형이고, 옆면이 삼각형인 입체 도형을 뜻하는 낱말은 ☐ ☐ 이야.

3) 각기둥이 차지하는 공간의 크기는 각기둥의 ☐ ☐ 라고 해.

4) 각뿔의 모서리를 잘라서 평면 위에 펼쳐 놓은 그림은 각뿔의 ☐ ☐ ☐ 라고 불러.

3 문장에 어울리는 낱말을 골라 ○표 하세요.

1) 거기 있는 여러 가지 각기둥 중에서 밑면이 사각형인 (사각기둥 / 사각뿔)을 찾아볼래요?

2) (삼각뿔 / 사각뿔)은 밑면의 모양이 삼각형이고, 옆면의 모양은 삼각형이에요.

3) 각뿔을 이루고 있는 모든 면의 넓이를 각뿔의 (겉넓이 / 부피)라고 해요.

각기둥

밑면

삼각기둥

사각기둥

겉넓이

각기둥의 겉넓이

각기둥의 부피

각기둥의 전개도

각뿔

삼각뿔

사각뿔

각뿔의 겉넓이

각뿔의 부피

각뿔의 전개도

1 설명을 읽고, 알맞은 낱말을 쓰세요.

다양한 낱말들을 같은 성질을 가진 것끼리 모아서
나눈 갈래 → ☐☐

2 주어진 낱말을 넣어 문장을 완성하세요.

1)
| | 수 |
|명|사|

사람이나 사물의 이름을 나타내는 말은 ☐☐, 사물
의 수량이나 순서를 나타내는 말은 ☐☐이다.

2)
| | 조 |
|동|사|

움직임을 나타내는 말은 ☐☐, 다른 말에 붙어 도와
주는 말은 ☐☐이다.

3)
	부
	사
관	형	어

주로 주어나 목적어를 꾸며 주는 말은 ☐☐☐,
주로 서술어를 꾸며 주는 말은 ☐☐☐이다.

3 문장에 어울리는 낱말을 골라 ○표 하세요.

1) 알맞은 (형용사 / 동사)를 사용해서 자신의 움직임을 표현해 보자.

2) 우아, 이곳의 경치가 정말 아름다워서 (감탄사 / 독립어)가 절로 나와.

3) '그는 되었다.'라는 문장에서 그는 뭐가 되었는지 (보어 / 주어)를 넣어
   주어야 해.

4 예문에 어울리는 낱말을 써넣으세요. [국어]

> 문장에서 '무엇이', '누가'에 해당하는 부분을 ☐☐, '어떠하다',
> '어찌하다'에 해당하는 부분을 ☐☐☐, '무엇을', '누구를'에 해
> 당하는 부분을 ☐☐☐라고 한다. 이렇게 문장을 이루는 요소
> 를 ☐☐ ☐☐이라고 한다.

| 품사 |
| 명사 |
| 수사 |
| 형용사 |
| 동사 |
| 조사 |
| 대명사 |
| 관형사 |
| 부사 |
| 감탄사 |
| 문장 성분 |
| 주어 |
| 서술어 |
| 목적어 |
| 관형어 |
| 부사어 |
| 보어 |
| 독립어 |

			1)		2)					
									11)	
3)		4)								
					9)	10)			
5)			6)						
							13)		
		7)						14)
8)					12)			

정답 ┃ 143쪽

🔑 가로 열쇠

1) 관악기와 현악기 등을 함께 연주하는 음악
3) 생태계에서 서로 먹고 먹히는 관계가 사슬처럼 이어지는 것
5) 927년 공산에서 일어난 고려와 후백제 사이의 전투
7) 병자년에 오랑캐인 청이 우리나라를 침입한 난리
8) 해로움을 준 사람. 피해자 ↔ ○○○
9) 국회에서 다루는 일들을 여러 전문 분야로 나누어 만든 기관
12) 곤란에 처한 사람을 돕기 위해 보내는 물자

🔑 세로 열쇠

1) 명사, 대명사, 수사를 꾸며 주는 말
2) 음악을 연주하기 위한 곡
4) 이로운지 해로운지 이모저모를 따져 보는 것, "영리한 혜진이는 ○○○○에 밝아."
6) 투자하는 사람
7) 병과 해충으로 인하여 입은 농작물의 피해
10) 임진년에 왜나라인 일본이 우리나라를 침입해 일으킨 난리
11) 이성계가 위화도에서 회군하여 정권을 잡게 되는 사건
13) 음악의 느낌을 표현해 내는 기호
14) 법을 무시하고 지키지 않는 사람

1 밑줄 친 '품'의 뜻이 <u>다른</u> 하나는? (   )   국어능력인증시험형

① 골<u>품</u>　　　　　② 물<u>품</u>　　　　　③ 상<u>품</u>

④ 작<u>품</u>　　　　　⑤ 비매<u>품</u>

2 밑줄 친 부분을 가장 적절한 한자어로 대체한 것은? (   )   국어능력인증시험형

① 좀 <u>쉽게 풀어서 말해</u> 봐라. → 演說(연설)

② <u>씨 뿌리는 일</u>은 대개 봄에 한다. → 斷種(단종)

③ 그 이야기는 <u>입으로 전해져</u> 왔다. → 口傳(구전)

④ <u>남을 받들어 돕는 일</u>은 하면 할수록 보람 있다. → 食事(식사)

⑤ <u>농작물을 심어 기르고 거두는 일</u>이야말로 세상 모든 일의 으뜸이다. → 農地(농지)

3 밑줄 친 낱말의 뜻이 바르지 <u>않은</u> 것은? (   )   국어능력인증시험

① 이 콩은 완전 <u>토종</u>이야. → 대대로 그 땅에서 나는 종자

② 그런 건 <u>이심전심</u>으로 아는 거야. → 마음에서 마음으로 전하는 것

③ <u>농번기</u>엔 사람 손 하나가 귀하다. → 농사일이 한가한 시기

④ 영수는 <u>감언이설</u>로 철수를 설득하려 했다. → 달콤하고 이로운 말로 꾀는 것

⑤ 미영은 <u>매사</u>에 철저하기로 소문이 자자하다. → 하는 일마다

4 괄호 안의 한자가 바르지 <u>않은</u> 것은? (   )   KBS 한국어능력시험형

① 농(農)사직설　　　② 부전(傳)자전　　　③ 삼국유사(史)

④ 인종(種)차별　　　⑤ 횡설수설(說)

5 밑줄 친 낱말에 대한 설명으로 적절하지 <u>않은</u> 것은? (　　)

① 춤을 추고 악기를 치면서 농요를 부르는 것이 <u>농악</u>이야.

② 죽은 사람을 묻으면서 함께 묻는 물건을 <u>부장품</u>이라고 해.

③ 훌륭한 사람의 일생을 써서 전하는 글이 <u>자서전</u>이야.

④ <u>접종</u>은 병원균이나 백신을 몸속에 심어 넣는 것을 말해.

⑤ <u>영사</u>란 해외에서 자국민을 보호하는 일을 하는 사람이다.

6 〈보기〉의 빈칸 (가) ~ (나)에 들어갈 낱말로 옳은 것은? (　　)

〈보기〉

(가) "아빠, 구두 닦으면 용돈 주셔야 해요!"

철수는 아빠의 구두를 닦기 전에 용돈을 달라고 미리 이야기하고 있어요. 그러니까 용돈은 아빠의 구두를 닦기 위한 　(가)　인 셈이네요. 어떤 일을 이루기 위해 먼저 내세운다는 뜻으로 뭔가를 끌어내는 거죠.

(나) "왜? 그렇게 생각하는 까닭이 뭔데?"

친구와 이야기하다 보면 이렇게 말하는 경우가 있어요. 이렇게 말한 친구는 　(나)　을(를) 물은 거예요. 이것은 어떤 의견의 근본이 되는 것이에요. 왜 그렇게 생각하는지 그 까닭을 말하는 것이지요. 주장하는 글을 쓸 때에는 주장에 알맞은 이것을 꼭 써야 한답니다.

① (가) 전제 (나) 근본　　② (가) 근거 (나) 전제　　③ (가) 전제 (나) 근절

④ (가) 근거 (나) 제기　　⑤ (가) 전제 (나) 근거

7 문맥에 맞는 낱말을 <u>잘못</u> 선택한 것은? (　　)

① 자기 자신을 (<u>비하</u> / 비열)하지 마라.

② 그 사람 (본문 / <u>본성</u>)은 나쁘지 않아.

③ 소풍을 가자는데 왜들 이렇게 (<u>반응</u> / 적응)이 없는 거야.

④ 어떤 일이 이루어지려면 갖추어야 할 (용건 / <u>조건</u>)이란 게 있어.

⑤ 아버지께서는 용돈 올리는 문제에 대해 (고려 / <u>고증</u>)해 보신다고 했어.

8 〈보기〉의 (가) ~ (다)에 들어갈 낱말로 옳은 것은? (   )   수학능력시험형

〈보기〉

"좋은 기회가 왔는데 (가) 이 되지 않으면 어쩔 수 없어요." (가) 이란 주어진 조건이라는 뜻이에요. (가) 이 되지 않는 데 어떤 일을 한다는 것은 힘든 일이지요.

"다른 (나) 이 없으면 저는 바빠서 이만 실례할게요." (나) 이란 볼일을 말해요.

"책상 위의 (다) 은 만지지 말아 주세요." 연필, 자, 가방 등 일정한 모양을 갖춘 것을 (다) 이라고 합니다.

① (가) 물건   (나) 여건   (다) 용건   ② (가) 여건   (나) 용건   (다) 물건

③ (가) 용건   (나) 물건   (다) 여건   ④ (가) 물건   (나) 용건   (다) 여건

⑤ (가) 여건   (나) 물건   (다) 용건

9 한자와 그 뜻이 바르지 <u>않게</u> 짝 지어진 것은? (   )   한자능력시험형

① 卑 - 낮다   ② 條 - 조항   ③ 貴 - 귀하다

④ 積 - 버리다   ⑤ 慮 - 생각하나

10 〈보기〉의 밑줄 친 (가) ~ (마)를 한자로 고친 것이 <u>틀린</u> 것은? (   )   한자능력시험형

〈보기〉

이론이나 논리, 논설 등의 근거를 (가)논거라고 해요. 어떤 사실에 의지한 근거는 (나)의거예요. 의거는 재판할 때 재판관이 "형법 ○조 ○항에 의거하여…." 하고 말할 때 단골로 등장하는 말이지요. 사실을 증명할 수 있는 근거는 (다)증거예요. 주장에 대한 근거를 대라고 하면 말로 하는 것이라 눈에 보이지 않죠? 하지만 증거는 물건을 내밀 수도 있어서 눈에 확실히 보이는 근거예요. (라)점거는 어떤 장소를 점령하여 자리 잡은 것이고, (마)거점은 어떤 일이나 활동의 근거가 되는 중요한 지점을 뜻해요. 일제 강점기 때 우리나라의 독립운동가들은 만주, 연해주 등을 거점으로 삼아 독립운동을 펼쳤어요.

① (가) 論據   ② (나) 義據   ③ (다) 證據

④ (라) 占據   ⑤ (마) 據點

⑪ 밑줄 친 부분을 적절한 낱말로 대체하지 <u>않은</u> 것은? (   )

① <u>잡초 뽑아 없애는</u> 작업을 하고 있다. → 제모

② 방금 <u>음악의 주제와 구상</u>이 떠올랐어. → 악상

③ 여기는 <u>요금 없이</u> 이용할 수 있는 공간이다. → 무료

④ 우리에겐 <u>생활에 필요한 다양한 물건</u>이 필요하다. → 물자

⑤ 중국어는 <u>목소리의 높고 낮은 가락</u>에 따라 말의 뜻이 달라진다. → 성조

⑫ 밑줄 친 낱말의 뜻이 바르지 <u>않은</u> 것은? (   )

① 다른 사람의 권리를 <u>침해</u>하지 마라. → 침범하여 해를 입히는 것

② 여러 새들의 노래가 마치 <u>교향악</u>과 같다. → 여러 악기들이 서로 함께 어울려 울려 퍼지는 음악

③ <u>자재</u>가 부족해서 건물을 더 이상 짓지 않고 있다. → 어떤 것을 만드는 데 필요한 물건과 재료

④ <u>힐난</u>조의 말을 들으면 마음이 불편하기 마련이다. → 트집을 잡아 거북하게 따지고 나무라는 말투

⑤ 벌레들로 인한 피해가 커서 해충 <u>방제</u> 작업이 한창이다. → 이미 있는 해충을 몰아내 없애는 것

⑬ 〈보기〉의 (가) ~ (마)에 들어갈 낱말로 옳은 것은? (   )

┌─〈보기〉────────────────────────────
│ 모든 사람에게는 본래 가지고 있는 기본권이 있습니다. 기본권에는 간섭받지 않고 자유롭게 행동하
│ 고 생각할 수 있는 권리인 (가) , 누구든지 차별받지 않을 권리인 (나) 이 있어요. 그리고 인간답
│ 게 살기 위하여 나라에 요구할 수 있는 권리인 (다) , 나라에 어떤 일을 해 달라고 청구할 수 있는
│ 권리인 (라) , 정치에 참여할 수 있는 권리인 (마) 등이 있어요.

① (가) 사회권 (나) 평등권 (다) 자유권 (라) 청구권 (마) 참정권

② (가) 자유권 (나) 사회권 (다) 평등권 (라) 참정권 (마) 청구권

③ (가) 사회권 (나) 평등권 (다) 청구권 (라) 자유권 (마) 참정권

④ (가) 자유권 (나) 평등권 (다) 사회권 (라) 청구권 (마) 참정권

⑤ (가) 자유권 (나) 평등권 (다) 사회권 (라) 참정권 (마) 청구권

⑭ 밑줄 친 낱말에 대한 설명으로 적절하지 <u>않은</u> 것은? (   )

① 피아노를 <u>조율</u>하는 것은 음을 고르게 맞추는 거야.

② 타고난 성품이나 소질, 즉 <u>자격</u>이 모자라 걱정이야.

③ 편안하고 즐거운 <u>안락</u>한 분위기에서 지내고 있다.

④ 한 해의 마지막 날 밤인 <u>제야</u>란 한 해를 덜어 내는 밤이란 뜻이야.

⑤ 아무런 준비가 되어 있지 않은 <u>무방비</u> 상태에서 공격을 당했다.

⑮ 문맥에 맞는 낱말을 <u>잘못</u> 선택한 것은? (   ) `수학능력시험형`

① 우리 몸은 (세균 / 세포)(으)로 이루어져 있어요.

② 국민의 대표로 법을 만드는 기관은 (국회 / 청문회)입니다.

③ 원래의 상태가 변해서 달라진 상태를 (변태 / 생태)라고 해요.

④ 피라미드처럼 뾰족한 뿔 모양의 입체 도형은 (각기둥 / 각뿔)이에요.

⑤ 1980년 5월 18일에는 광주에서 (5·18 민주화 운동 / 6월 항쟁)이 일어났어요.

⑯ 〈보기〉의 (가) ~ (다)에 들어갈 낱말로 옳은 것은? (   ) `수학능력시험형`

> ┌〈보기〉────────────────────────────
> "그는 새 옷을 입고 활짝 웃었어요."라는 문장에서, '그'는 (가) 예요. (가) 는 사람이나 사물, 장소
> 의 이름을 대신하여 나타내는 말이에요. '새'는 '옷'을 꾸며 주는 (나) 이고, '활짝'은 '웃었어요'를 꾸
> 며 주는 (다) 예요. (나) 는 명사나 대명사, 수사를, (다) 는 주로 형용사나 동사를 꾸며 주지요.

① (가) 내명사   (나) 부사   (다) 관형사

② (가) 부사   (나) 관형사   (다) 대명사

③ (가) 대명사   (나) 관형사   (다) 부사

④ (가) 부사   (나) 대명시   (다) 관형사

⑤ (가) 대명사   (나) 관형사   (다) 수사

📖 **톡톡 문해력 설명문** 다음 설명문을 읽고, 문제를 풀어 보세요.

감염병은 병원체가 우리 몸에 들어와서 갑자기 그 수가 늘면서 생기는 병이다. 감염병에는 다른 사람에게 병원체를 옮기는 병도 있고, 그렇지 않은 병도 있다. 그중 다른 사람에게 병원체를 옮기는 병을 전염병이라고 한다. 전염병으로는 페스트, 천연두, 코로나 19 등이 있다.

페스트는 벼룩과 쥐 등이 주로 옮기는 전염병이다. 이 병에 걸리면 사람의 손발 끝이 까맣게 변하면서 목숨을 잃는다. 14세기에는 유럽 사람의 3분의 1이 죽을 정도로 무서운 병이었다.

천연두는 사람이 옮기는 전염병이다. 이 병에 걸린 사람들 중에 30%가 죽는다고 한다. 죽지 않아도 얼굴에 우묵우묵하게 파인 흉터가 남는다. 16세기에 남아메리카 사람의 90%가 이 병으로 목숨을 잃었다. 2019년에 중국에서 시작된 코로나 19는 감염자의 침방울로 전염되는데, 지금까지 수백만 명이 목숨을 잃었다.

전문가들은 현재 지구 환경이 전염병이 나타나기에 좋은 환경이기 때문에 주기적으로 나타날 수 있다고 한다. 새로운 전염병이 나타나지 않도록 하는 것이 인류의 새로운 과제다.

---

1 이 글의 중심 낱말은 무엇인가요?

---

2 이 글의 중심 내용은 무엇인가요?

---

3 유럽 인구의 3분의 1이 목숨을 잃은 감염병은 무엇인가요?

---

4 전문가들이 전염병이 주기적으로 나타날 수 있다고 말한 까닭은?

톡톡 문해력 생활문 다음 생활문을 읽고, 문제를 풀어 보세요.

> 학교 수업이 끝나고 집에 돌아오자 엄마에게 전화가 왔다.
> "아울아, 학교 숙제부터 먼저 해."
> "네, 알겠어요"
> 하지만 나는 컴퓨터 게임의 유혹을 이기지 못했다. 결국 엄마가 퇴근할 때까지 컴퓨터 게임을 하고 말았다. 저녁식사가 끝나고 엄마가 말했다.
> "우리 가족회의를 해요. 아울이가 너무 컴퓨터 게임만 해서 컴퓨터 게임을 금지시켜야겠어요."
> 내가 울상이 되어 아빠를 쳐다보면서 말했다.
> "그건 너무한 거 같아요. 숙제를 끝내고 하루에 한 시간만 할게요."
> "아울이에게 스스로 시간을 조절할 수 있도록 하는 게 더 좋을 거 같아. 나도 어렸을 때 전자오락에 빠진 적이 있지만 좀 더 커서는 스스로 시간을 줄일 수 있었어."
> 그러자 엄마가 아빠와 나를 둘러보며 말했다.
> "그럼 아울이를 한번만 믿어 보겠어요."
> 나는 반드시 약속을 지키겠다고 다짐했다.

1 아울이네 가족이 가족회의를 한 까닭은?

----

2 엄마의 주장은 무엇인가요?

----

3 아빠의 주장은 무엇인가요?

----

4 아울이네 가족회의의 결과는 무엇인가요?

정 답

어휘 퍼즐 |72쪽

				고					제			
희	귀	동	물				의	사	소	통		
	질								치			
고	사	성	어					품	질			
	고								량			
학	설											
	명											
자	서	전					소	작	농			
	염								한			
	병			천	덕	꾸	러	기				

樂 음악 악 | 78~79쪽

1. 樂
2. 1) 악기 2) 제례악 3) 실내악 4) 군악대 5) 안락
3. 1) 성악가 2) 악상 3) 식도락 4) 오락 5) 희로애락
4. 1) 악상 2) 농악 3) 기악
5. 관현악
6. 1) 기악 2) 식도락 3) 낙원 4) 오락

調 가락 조 | 84~85쪽

1. 調
2. 1) 곡조 2) 성조 3) 저조 4) 동조
3. 1) 실조 2) 저조 3) 조절 4) 보조
4. 1) 곡조 2) 강조 3) 산조 4) 시비조
5. 1) 장조 2) 단조 3) 고조 4) 조미 5) 협조
6. 1) 산조 2) 힐난조 3) 논조 4) 조제

無 없을 무 | 90~91쪽

1. 無
2. 1) 무인도 2) 무죄 3) 무법자 4) 무허가
3. 1) 무선 2) 무례 3) 무질서 4) 무심
4. 1) 무진장 2) 무궁무진 3) 무료 4) 무명
5. 무법천지
6. 1) 무인도 2) 무궁화 3) 무중력

除 없앨 제 | 96~97쪽

1. 除
2. 1) 삭제 2) 제초 3) 제습 4) 배제 5) 면제
3. 1) 제설 2) 제막 3) 절제 4) 해제
4. 1) 삭제 2) 배제 3) 제외
5. 제야
6. 1) 해제 2) 절제 3) 방제 4) 구제

害 해로울 해 | 102~103쪽

1. 害
2. 1) 피해자 2) 손해 3) 유해 4) 공해 5) 수해
3. 1) 손해 2) 방해 3) 상해 4) 무공해 5) 자연재해
4. 1) 가해자 2) 유해 3) 손해 4) 침해
5. 1) 수해 2) 해충 3) 충해 4) 공해
6. 설해, 수해, 한해

資 물건 자 | 108~109쪽

1. 資
2. 1) 물자 2) 원자재 3) 자본 4) 자격 5) 식자재
3. 1) 자원 2) 자본 3) 자료 4) 투자 5) 외자
4. 1) 자질 2) 투자자 3) 자격증 4) 자재
5. 내가 최고
6. 1) 군자금 2) 식자재 3) 자격증 4) 민자

씨낱말

생태계 | 114쪽

1. 생태계
2. 1) 생태계, 변태 2) 공생, 기생 3) 귀화 생물, 미생물
3. 1) 기생 2) 생산자

세포, 세균 | 115쪽

1. 세균
2. 1) 미세, 세밀 2) 단세포, 다세포 3) 살균, 병균
3. 1) 상세 2) 식균 작용
4. 세포, 세포, 세포질, 세포막

국회 | 120쪽

1. 국회
2. 1) 정기 국회, 임시 국회 2) 청문회, 공청회 3) 표결, 의결
3. 1) 상임 위원회 2) 국정 감사 3) 청문회 4) 본회의

권리, 권력 | 121쪽

1. 1) 권리 2) 권력
2. 1) 인권, 기본권 2) 평등권, 자유권 3) 청구권, 사회권
3. 1) 평등권 2) 참정권 3) 의장권

3·1 운동 | 126쪽

1. 3·1 운동
2. 1) 6·10 만세 운동 2) 8·15 광복 3) 4·19 혁명
3. 1) 6·25 전쟁 2) 4·19 혁명 3) 5·18 민주화 운동

전쟁, 전투 | 127쪽

1. 임진왜란
2. 1) 러일전쟁, 전투 2) 태평양 전쟁, 청일 전쟁
   3) 처인성 전투, 공산 전투
3. 1) 제2차 세계 대전 2) 독립군

각기둥, 각뿔 | 132쪽

1. 1) 각기둥 2) 각뿔
2. 1) 각기둥 2) 각뿔 3) 부피 4) 전개도
3. 1) 사각기둥 2) 삼각뿔 3) 겉넓이

품사 | 133쪽

1. 품사
2. 1) 명사, 수사 2) 동사, 조사 3) 관형어, 부사어
3. 1) 동사 2) 감탄사 3) 보어
4. 주어, 서술어, 목적어, 문장 성분

어휘 퍼즐 | 134쪽

	¹⁾관	현	²⁾악			
		형	곡		³⁾위	
⁴⁾먹	⁵⁾이	사	슬		화	
	해				도	
	타		⁶⁾상	⁷⁾임	위	원	회
⁸⁾공	산	전	⁹⁾투	진	군	
			자	왜	¹⁰⁾악	
	¹¹⁾병	자	호	란	상	¹²⁾부
	충				기	법
¹³⁾가	해	자		¹⁴⁾구	호	물	자

종합 문제 | 135~139쪽

1. ① 2. ③ 3. ③ 4. ③ 5. ③ 6. ⑤ 7. ⑤ 8. ② 9. ④ 10. ②
11. ① 12. ⑤ 13. ④ 14. ② 15. ④ 16. ③

문해력 문제 | 140~141쪽

1. 전염병
2. 전염병은 다른 사람에게 옮기는 감염병으로 페스트, 천연두, 코로나 19 등이 있다.
3. 페스트
4. 지구 환경이 전염병이 나타나기에 아주 좋은 환경이기 때문에

1. 아울이가 숙제를 하지 않고 컴퓨터 게임만 했기 때문에
2. 아울이에게 컴퓨터 게임을 금지시키자.
3. 아울이가 스스로 시간을 조절할 수 있도록 하자.
4. 아울이가 숙제를 끝내고 하루에 1시간만 컴퓨터 게임을 하기로 했다.

집필위원

정춘수	권민희	송선경	이정희	신상희	황신영	황인찬	안바라
손지숙	김의경	황시원	송지혜	황현정	서예나	박선아	강지연
강유진	김보경	김보배	김윤철	김은선	김은행	김태연	김효정
박 경	박선경	박유상	박혜진	신상원	유리나	유정은	윤선희
이경란	이경수	이소영	이수미	이여신	이원진	이현정	이효진
정지윤	정진석	조고은	조희숙	최소영	최예정	최인수	한수정
홍유성	황윤정	황정안	황혜영	신호승			

문해력 잡는 초등 어휘력 D-1 단계

글 손지숙 김의경 신상희 황신영 신호승
그림 박종호
기획 개발 정춘수

1판 1쇄 인쇄 2025년 1월 16일
1판 1쇄 발행 2025년 1월 31일

펴낸이 김영곤 **펴낸곳** ㈜북이십일 아울북
프로젝트2팀 김은영 권정화 김지수 이은영 우경진 오지애 최윤아
아동마케팅팀 명인수 손용우 양슬기 이주은 최유성
영업팀 변유경 한충희 장철용 강경남 김도연 황성진
표지디자인 박지영 임민지

출판등록 2000년 5월 6일 제406-2003-061호
주소 (우 10881) 경기도 파주시 문발동 회동길 201
연락처 031-955-2100(대표) 031-955-2122(팩스)
홈페이지 www.book21.com

ⓒ (주)북이십일 아울북, 2025

ISBN 979-11-7357-056-8
ISBN 979-11-7357-036-0 (세트)

• 제조자명 : (주)북이십일	• 제조연월 : 2025. 01. 31.
• 주소 : 경기도 파주시 회동길 201(문발동)	• 제조국명 : 대한민국
• 전화번호 : 031-955-2100	• 사용연령 : 3세 이상 어린이 제품